藏传佛教五大教派名僧传

格鲁派

拉科·益西多杰 编译

青海人民出版社

图书在版编目（CIP）数据

藏传佛教五大教派名僧传.格鲁派/拉科·益西多杰编译.--西宁：青海人民出版社，2010.9（2024.9重印）
ISBN 978-7-225-05652-4

Ⅰ.①藏… Ⅱ.①拉… Ⅲ.①格鲁派—僧侣—列传—中国 Ⅳ.①B949.92

中国版本图书馆CIP数据核字（2018）第217949号

藏传佛教五大教派名僧传·格鲁派

拉科·益西多杰　编译

出 版 人	樊原成
出版发行	青海人民出版社有限责任公司

西宁市五四西路71号　邮政编码：810023　电话：（0971）6143426（总编室）

发行热线	（0971）6143516 / 6137730
网　　址	http://www.qhrmcbs.com
印　　刷	青海西宁西盛印务有限责任公司
经　　销	新华书店
开　　本	889 mm × 1194 mm 1/32
印　　张	8.5
字　　数	150千
版　　次	2019年7月第1版　2024年9月第3次印刷
书　　号	ISBN 978-7-225-05652-4
定　　价	42.00元

版权所有　侵权必究

目 录

宗喀巴·罗桑扎巴
　　——格鲁派创始人　007

嘉察杰·达玛仁钦
　　——至尊宗喀巴上首弟子　025

索南嘉措
　　——三世达赖喇嘛　031

罗桑嘉措
　　——五世达赖喇嘛　041

图旦嘉措
　　——十三世达赖喇嘛　053

罗桑却吉坚赞
　　——四世班禅额尔德尼　066

罗桑益西
　　——五世班禅额尔德尼　076

罗桑却吉尼玛
　　——九世班禅额尔德尼　089

大慈法王释迦益西
——色拉寺创建者　104

绛央却杰·扎西贝丹
——哲蚌寺创建者　112

道丹·绛白嘉措
——密宗成就自在大师　118

喜饶僧格
——西藏拉萨下密院创建者　124

嘉色·端悦却吉嘉措
——佑宁寺创建者　131

却藏·南杰班觉
——却藏寺创建者　138

夏日仓·噶丹嘉措
——一世夏日仓活佛　144

多居嘉措
——青海东科尔寺创建者　148

目 录

一世敏珠尔和二世敏珠尔活佛
——广惠寺敏珠尔呼图克图 153

嘉纳巴·阿旺洛哲嘉措
——清廷和谈使者 159

嘉木样·华秀·阿旺宗哲
——拉卜楞寺创建者 165

松巴·益西班觉
——清代安多额尔德尼班智达 174

章嘉·若白多杰
——清代国师三世章嘉 187

嘉木样·官却晋美旺布
——二世嘉木样呼图克图 200

土观·洛桑却吉尼玛
——三世土观呼图克图 208

香萨班智达·罗桑达杰嘉措
——拉加寺版《甘珠尔》校勘者 213

阿莽班智达·贡却坚赞
　　——二世阿莽仓活佛　219

夏玛尔班智达·格敦丹增嘉措
　　——化隆支扎上寺创建者　227

道帏格西·喜饶嘉措
　　——"爱国高僧，法界栋梁"　235

才旦夏茸·晋美柔白罗哲
　　——甘青当代著名佛学家　252

东嘎·洛桑赤列
　　——当代中国著名藏学家　258

后　记　264

格鲁派

格鲁派

格鲁派是藏传佛教各教派中形成时间最晚、势力最大、影响最广的一个大教派。格鲁，是藏语"善规"或"善律"的意思，因该派倡导严守戒律，故名"格鲁派"。该派创始人是宗喀巴·罗桑扎巴，因在藏传佛教界影响深广，故被广大僧侣尊奉为"第二佛陀"。

宗喀巴（1357～1419年），法名罗桑扎巴，为青海湟中塔尔寺地方人。7岁入夏琼寺，从噶当派名僧法王端智仁钦学经10年，在文学和显宗经论、密宗仪轨等方面打下了坚实的基础。16岁入藏遍访各教派名师深造，研习各派显密教义法门，逐步形成自己的佛学思想体系，并针对当时西藏一些教派戒行废弛等情况，开始宗教"改革"，革除佛教界出现的种种时弊及陋习，清净佛门，振兴藏语系佛教，提倡僧人严守戒律，不娶妻，禁饮酒，戒杀生。还提出一套严格的寺院组织系统，僧人学经程序和考试、升迁制度及佛教学位制度，形成喇嘛的不同等级。1388年他著成《善说金鬘》一书，1402年著《菩提道次第广论》，1405年又撰写《密宗道次第广论》，后著成《中观论广释》，开始收徒传教。他的这几部代表作为创立格鲁派奠定了坚实的理论基础。1388年，他始仿照古代持戒师戴黄色僧帽，以表明重振戒律的决心。

土牛年（1409年）正月，宗喀巴在帕摩竹巴地方政权阐化王扎巴坚赞的支持下，于拉萨大昭寺集结各教派僧侣万余人，举行了空前盛大的神变祈愿大法会。是年春，在拉萨东达孜地方创建了噶丹寺（又写作甘丹寺），噶丹寺的建立，标志着格鲁派的形成。1416年至1419年，他的两位弟子嘉央曲杰和贤钦曲杰分别在拉萨西郊和北郊建成了哲蚌寺和色拉寺，形成格鲁派拉萨三大寺，三大寺的建立使格鲁派在拉萨圣地扎下了牢固的根基。火兔年（1447年），一世达赖喇嘛格敦朱巴在后藏日喀则创建了扎什伦布寺，金猴年（1560年），贡巴哇·仁钦宗哲坚赞在宗喀巴诞生地兴建了塔尔寺，金虎年（1710年），第一世嘉木样协白多杰在甘肃夏河创建了拉卜楞寺。以上六座佛寺，被称为格鲁派著名六大丛林。

宗喀巴弟子众多，著名的有前期八大弟子和后期八大弟子。由于该派严禁僧人娶妻生子，为了解决宗教首领的

格鲁派

继承问题,格鲁派采用活佛转世的办法,先后形成达赖、班禅两大活佛系统,一直延续至今。在明清两朝的扶持和优遇下,格鲁派发展较快,寺院遍布西藏,青海,甘肃,四川阿坝、甘孜,云南迪庆,内、外蒙古等地。各寺中又相继出现了许多转世活佛和高僧大德。

格鲁派是宗喀巴大师在噶当派教义的基础上创建的,故又称"新噶当派"。其教义是以继承阿底峡尊者所传龙树的中观思想为基础,吸收融汇萨迦、噶举等派的思想和修法传承而形成的一种完整的体系,主张缘起性空之见,认为一切法俱是待缘而起,又都空无自性。缘起性空是中观宗观察解释世界万物的方法论。在修习方面止观兼重,即通过止观修证,由智慧而达到彻悟,达到对世间万物的认识,二者互为补充而不偏执一端。在显密修学方面,注重显密兼修和先显后密的次第,显宗以噶当派教义为基础,密宗兼有萨迦、噶举和其他教派的教法。尤重戒学,提倡学行并举,僧众恪守戒律;强调修行次第和三士道修持法。

明、清、民国均崇信格鲁派,给格鲁派赐予许多优礼条件。清朝政府为了安抚边疆,巩固自己的统治地位,对蒙古族、藏族首领,尤其对格鲁派的达赖、班禅两个世系及各寺著名大活佛采取怀柔政策,实行广建众封措施,除在藏区倡建了许多寺院外,在京城修建东黄寺、西黄寺、广济寺、雍和宫（改建佛寺）等，在河北承德先后建立八座寺庙，称外八庙，御赐寺名、匾额亦成风。封赐呼图克图、诺门汗、班智达、堪布、绰尔济等职衔及国师、禅师等名号的屡见不鲜。据《理藩院则例》卷五六载，列入该册的蒙、藏内外呼图克图共160人。这些活佛成为高一级喇嘛，他们享受和拥有清政府专门制定的袭其前朝旧封、制定等级、赏赐名号等优裕礼遇的特殊权力。后来清政府又采取了一些相应的限制措施。

五世达赖喇嘛时期，在清政府和固始汗的支持下，扩建布达拉宫，修好后将原设在哲蚌寺的噶丹颇章移至布达拉宫，建立噶丹颇章政权。布达拉宫成为举行达赖坐床、亲政大典等重大宗教、政治活动的地方。后藏日喀则的札什伦布寺成为班禅系统政教合一的中心。从金羊年(1751年)始，清政府在西藏设立噶厦，实行三俗一僧四噶伦联合掌政，七世达赖喇嘛亲政后，成为西藏政教合一的主要领导人。这些特权直到新中国成立，实行宗教制度民主改革后均被废除。

宗喀巴·罗桑扎巴

——格鲁派创始人

宗喀巴·罗桑扎巴，意为"善慧称"，藏传佛教格鲁派创始人，西藏噶丹寺（甘丹寺）的创建者。

安多宗喀莲花山之西的野摩塘（今称黄树湾）有户牧民人家，几代人在这里放牧为生，系宗喀六部族之一隆本部族俄西朗珠家族，家主隆本格勒巴端珠，其贤妻名叫香萨阿切，是鲁本索尔吉（今湟中县共和乡索尔吉村）人，慈祥贤慧，六根清净，有长子邹多贤、次子才保、三子才旺嘉，还有一个女儿，一家人安居乐业。传说，藏历第六饶迥之火鸡年（1357年）正月初十晚，香萨阿切做一奇梦，梦见许多僧俗男女手中高擎宝幢，吹奏佛乐，沿道前来迎接菩萨。突然看见空中云隙中显出一尊金身，金光四射，随着悠扬美妙的佛乐，天子（侍童）和天女环绕着自上空冉冉而降，金身越降越小，直降至她的头顶时，仅成为五寸大小而进入她的体内，那些侍童侍女也随之进入。醒后

格鲁派

全身有一种说不出的乐感,这时她怀上六甲了。怀胎十月,据说临出生的前几天,她家的一头犏牛常离群跑到莲花山山湾里吃草,香萨阿切几次从那里将犏牛赶了回去。有一天清晨,她又来赶犏牛,犏牛卧在山脚下的草坪上,无论怎么赶它都一动不动。这时她腹部有些不适,隐隐作痛,不一会儿,天空出现天雨瑞花,空中佛乐悦耳,大地微微颤动,血草散发异香,一个可爱的圣童降生到人间。这天正是藏历火鸡年(1357年)十月初十。之后隆本格一家从野摩塘迁至了圣童出生的地方,即今塔尔寺西山——拉泽夏东的山脚下(今菩提大白塔),搭起帐篷住下来。新扎帐篷在藏语中称"汝沙尔",汉语称"新窝子"或"新牧地",后来稍有音变,将"汝沙尔"称为"鲁沙尔"了,变成了这一地区的地名。

圣童为第四子,幼名贡嘎宁布。年幼的他相貌俊美,肌肤洁白如睡莲,头圆额阔,眉长眼大,鼻高且隆,双耳垂肩,身圆膀宽,唇红齿白,天资聪颖,凡圣者之三十二大丈夫相和佛身八十种随好无不具备,因此在他的传记中说是文殊菩萨的化身,故称圣童。童年时,他就已显露出与一般孩子不同的气质,有关"圣童垒塔""踩石如泥留下脚印"等传说,在宗喀一带妇孺皆知。后来他的母亲又生下一个弟弟,取名洛丹。

圣童的启蒙上师端智仁钦（1309～1385年）奉自己师父之命来到安多，创建了化隆查甫境内的夏琼寺（鹏岩寺）之后，来到莲花山南面的曲嘎塘静房的一岩洞中，一面修行一面按上师预言恭候圣童的诞生。十月初十早晨，见一道红光映入岩洞，法王凭神通灵感知道他盼望已久的圣童出世了，遂将用糌粑做成的食子（朵马）和甘露丸、用丝绸做成的护身金刚结、加持过的怖畏金刚画像及护理圣童方法的说明书交给一位具戒近侍僧让他送给圣童的父母亲。不久他应邀到圣童家中，献哈达致礼，并说："这孩子交给我教育吧。"他的父母同意，待孩子年稍长，就送给上师抚育。

圣童3岁时，西藏的噶玛噶举派第四世活佛噶玛·若白多杰应元顺帝之诏进京途经青海，暂居平安夏宗寺岩洞中修行。端智仁钦法王催促隆本格带孩子到夏宗寺拜见噶玛巴大师。噶玛巴与圣童见面后十分高兴地说："这孩子将会成为世界第二佛陀。"由噶玛巴为他剃度出家，并授居士戒，赐名贡嘎宁布（遍喜藏），并预言道："在孩子诞生地将会长出一株白旃檀树。"受戒后，贡嘎宁布随父母迁居曲嘎塘（静房寺）下面的平草滩上，上师仍回曲嘎塘（静房寺）的岩洞中驻修。贡嘎宁布有时跟上师学习藏文及口诵经文，只需上师领读一遍，即会流利复诵，一字不差。7岁时送到化隆夏琼寺出家，正式拜端智仁钦法王和尖扎古哇寺的

格鲁派

创建者古哇·宣努绛曲沃赛为师,受沙弥戒,起法号罗桑扎巴(善慧称),从此开始了他漫长的僧侣生涯。

端智仁钦法王和古哇·宣努绛曲沃赛大师给罗桑扎巴传授了《金刚界顶最胜吉祥》《法界语灌顶》《五部陀罗尼》《金刚手大轮》等密乘经法,并设立胜乐金刚、欢喜金刚、金刚手等坛城,让他进入坛城进行密宗灌顶,取密号为端月多杰(意为不空金刚)。从7岁起直至入藏前的近10年间,他跟启蒙师学习显密经论,在显宗经论的学习和密宗仪轨的修炼方面打下了比较坚实的基础。

16岁那年,在二位启蒙师的鼓励下,罗桑扎巴决心赴西藏深造。上师赐给他一些顺缘财物,并特设会供轮,祈求一路由护法神护佑。当法王将手中祈祷的青稞放在曼扎上时,青稞瞬间变成一颗颗闪闪发光的珍宝形状,法王看见这个罕见的情景后高兴地预言道:"你将会成为佛教主宰。"这与噶玛巴所说的"他将会成为佛陀第二"的预示是一致的。临行前,母子泪别,母亲给了他一些用烧热的光滑石子烙的干粮做盘缠。后来人们为了表示对他的怀念之情,也用石子烙干粮吃,俗称麻干粮,这种习俗在宗喀一带至今仍在流行。

罗桑扎巴与上师难舍难分,师父要他一路上口诵《文殊真实名称经》,并将文殊和智慧怙主六臂明王两位本尊授于他。罗桑扎巴口诵经文向前行走之际，突然思念上师，泪水泉涌，欲回头向上师站立的方向看一眼时，口中正好念到"不还不复来"一句，他再也没有往后看，在两位舅舅和商客的陪同下，一直朝遥远的西藏圣地走去。后来宗喀巴大师曾对人说，这是他再也不能还乡的缘起。

罗桑扎巴大师一行从安多取道四川康区，经昌都于水牛年（1373年）抵达前藏，首先到枳贡替寺，在法王金厄哇上师座前聆听了《大手印法》《金刚鬘》《那若六法》和"大乘发心仪轨"等经论。后从枳贡替寺前往拉萨采贡塘寺，向该寺著名藏医官却嘉布学习医典《医法八支论》，不到一年时间即成为小有名气的藏医。在这里，他利用时间编写了《本生善愿篇》一书。之后从采贡塘寺去了聂塘极乐寺，这里由佛学大师云丹嘉措任主讲，轨范师邬金巴任副讲师，为大师传授了《现观庄严论本释》，又接着学习了《绛嘉注释》。他在极乐寺修学近两年，主要对《现观庄严论》进行了透彻地钻研，基本成为通达者。19岁时到桑普寺立《现观庄严论》为宗，开始练习辩经。他在桑普寺和极乐寺辩经后，开启了辩经的智门，增长了答辩的才能，初步体验到了辩经的滋味。

之后，罗桑扎巴与人结伴前往后藏学法。首先到了夏鲁寺，从该寺大堪布仁清南杰修学了《胜乐木札十三尊灌

格鲁派

顶法》和《红阁曼德五尊灌顶》等密宗法。继而在萨桑寺，从大学者玛德班钦·罗哲坚赞学习了有关文殊、胜乐金刚和声明论等经论。到了萨迦寺举行法会的时候，大师立"般若论"与萨迦寺僧人进行辩论，这时他已经显露出辩经的锋芒。在萨迦地区他先后游学了达桑丹寺、昂仁寺、埃旺寺等寺院，从师学习了一些萨迦派教法及《噶当次第论》，并与寺僧立宗辩经。后经纳塘寺去乃宁寺和泽欠寺，从师学习了《现观庄严论》《俱舍论本释》和其他一些经论。经泽欠寺上师介绍，与萨迦派上师仁达哇·循努洛哲相逢，并拜仁达哇为师，求学显密诸论。仁达哇所讲的一切教法，因大师博学，只学习一遍便全部领会于心。如果遇有疑难或不解的地方，即刻向上师执经问难，上师风趣地对他说："我向你传授经法时，也必须得集中精力，不能疏忽大意哦！"意思是稍不留神，即会被你问倒。之后师徒二人来到桑林寺，这里上师又为他传授了《入中观论》。此后，他暂时离开上师复往前藏，住修于聂塘极乐寺和觉摩隆寺。在觉摩隆寺从罗赛上师修学《毗奈耶》和《律经根本》，始达通晓。

土马年（1378年）春天，大师虚岁22岁时，第二次进入后藏，经纳塘寺、夏鲁寺抵达萨迦大寺，从仁达哇上师学习了《阿毗达磨论》《释量论》《入中论》《律经》等，当上师撰写《阿毗达磨论广疏嘉言海》时，他在一旁整理、校对书稿，等著述完成了，大师对此经论也融会贯通了。之后，上师又给他传授了《释量论》《密宗根本续》《五次第》等许多教法。

是年秋，听到家乡的人给他寄来了顺缘财物的消息后，大师从后藏又来到拉萨，收到寄来的东西和母亲的书信，也很想回故乡探母，但又慎思再三，遂打消了回乡的念头，回了一封慰藉母亲的信，并用自己的鼻血掺和颜料画了一幅自画像，一并让其侄杰温扎巴坚赞带回故乡交给慈母。母亲打开信一看，信上写道："儿六识精进，佛事繁忙，无暇返里见母，母亲若能在儿出生地，用那株菩提树作胎藏修建一座佛塔，就如同见儿回来一样。"母亲激动得流下了热泪。1379年，在宗喀五部落头人的资助支持下，大师的母亲修建了一座莲聚塔，这就是今天塔尔寺的大金塔，又称宗喀巴纪念塔。

金鸡年（1381年），大师第三次赴后藏，在纳塘寺从师端桑巴修学《释量论》，又从来纳塘寺的仁达哇和萨迦大乘法王贡噶扎西二位聆听《萨迦传规上师瑜伽》和《萨迦比瓦巴甚深护持法》，对萨迦教法有了进一步了解。后去珀东寺，从该寺大翻译师南喀桑波修学了《诗镜》的解说，这为以后创作诗歌打下了基础。从尊胜上师学习了中

格鲁派

观、因明、对法、现观庄严论等。是年三月份，从后藏重返前藏，在贡塘寺、桑普寺、泽欠寺的大辩论场中巡回辩经。大师辩经的美名盛誉在卫藏犹如旃檀花之芳香传遍之时，三藏法师察柯温波·阿旺扎巴等许多学法弟子闻名前来投师，大师第一次收徒传法。夏季，大师和几位弟子一起渡过雅隆藏布江来到山南乃东雅隆南杰寺，又名乃东泽措巴寺，在该寺的南杰拉康中，由大堪布慈诚仁钦任堪布，索南多杰任屏教师，喜饶公保做羯摩师而为大师授比丘戒。自此，步入比丘僧的行列。之后，宗喀巴大师来到山南帕竹噶举的祖寺——丹萨替寺，拜见法王金厄瓦·扎巴绛曲上师时，献上自己的著作作为进见礼，并呈上自己的书信。金厄瓦上师仔细翻阅著作后，激动地流下了热泪，对几位近侍僧说："罗桑扎巴这样年轻就能写出如此嘉言妙论，实在了不起，他真是佛教前途的光明救星啊！"随后，他向宗喀巴传授了萨迦派的《道果》教法和噶举派的《那若六法》等。宗喀巴大师在修学经论的同时，还进行实修，出现了不同寻常的证悟。金厄瓦上师还请来喇嘛南木桑哇译师，宗喀巴随即向这位上师学习了《声明粉板字声论》。之后去沃喀，从珀东声明论师学习了印度学者洒巴达维摩著的《声明集分论》，居士皎月著的《旃陀罗波字》《诗镜》等声明论和修辞学等典籍。大师真是"熔铸百家，撷采英华，集众家之长合之为一"。他利用所学到的五明论知识，著了《妙音佛母赞》一书，辞藻华丽，内容博深奇妙。金厄瓦上师圆寂后，噶举派在政界的头面人物和僧俗请求他写一部该师的传记，他即刻收集整理资料，奋笔疾书，为时不久，《金厄瓦大师传·悟妙高山》一书完稿，受到僧俗大众的称赞。宗喀巴修持妙音佛母仪轨，唪诵真言5000万遍时，亲眼见到妙音佛母现身。从此，宗喀巴时常不断地获得佛母的护持，在讲经说法、教理辩论和著述论说这三种事业上成就都极为广大。

在山南一带他还从洛扎堪钦·南喀坚赞（1326~1401年）学习了《道炬论释》，措那哇的《道次第》全部、卓隆巴的《教授次第》等经教。堪钦上师想，自己年事已高，宗喀巴又是一位具缘弟子，遂将自己的《全集》《菩提道次第》两种教言、金刚手所传密法教导、经教随许灌顶、金刚鬘问答以及噶当派的经教毫不保留地全部传给了他。同时，宗喀巴还从山南涅区赫赫有名的堪钦·却吉桑波求学了许多经法、教授。

宗喀巴大师学法修法方面不持门户之见，他广采博纳，因为他清醒地意识到，佛的根本大法是一致的，只不过各教派在修学佛世尊根本正法的同时，有各教派独具特色的法类和不同形式的修学方法而已。如遍修过噶举派的《岗

格鲁派

昌传规的生起次第》《大手印五俱》《至尊干波巴全集》《帕摩竹巴全集》《林热巴全集》等枳贡巴、玛尔巴和米拉日巴的著作及教言；噶当派的大小论著，如阿底峡的《菩提道炬论》，博德哇的《喻法聚宝集》《蓝色袖珍集》、噶当六论，卓隆巴和郑勒巴的《教法次第》《道次第》，仲敦巴的《师徒问道录》等教法；据说还曾修学过宁玛派绒松巴的《大圆满见修教授》和隆钦巴的《大圆满心性菩提道》等方面的密论；对息结派的"性空论"和"断证论"以及觉囊派的"性空""他空""自空"等与自己的"缘起性空论"对照比较研究。他与同乡上师邬玛巴·宗哲僧格相遇后，向邬玛巴求学《中观论》，获得了彻底解悟，形成了自己的思想体系。曾有三世章嘉国师对宗喀巴大师修学《中观论》做了论断："自佛教传入西藏雪域后，历代佛学家对龙树、佛护、月称的中观论进行过研究，但仅做了些表面文字的注释工作。而将《中观论》融会贯通，变成自己的佛学思想体系的只有宗喀巴一人，他的代表作为创立格鲁派奠定了坚实的理论基础。"

当宗喀巴大师闻思、修学、讲授显宗经论的大部事业完成后，开始转向寻求密宗经论。他的密法主要从后藏夏鲁寺布敦·仁钦朱大师的几位高足处求学而得。从嘉央却吉贝哇上师处求学了《时轮广释》，从几位瑜伽论师修学了

《金刚界》《吉祥最胜顶》等所有瑜伽部大曼荼罗的绘画、弹线、密宗舞姿音调、曼荼罗仪轨的汇编、结密宗手印法等；琼波勒巴·循努索南是一位精于瑜伽法的大师，他见宗喀巴是一位修学显密具有很深根器的弟子，所以将瑜伽部大曼荼罗为主的下部密续的经教，以及鲁赫巴和纳波巴二师所传的《胜乐论》等无上大密毫不保留地全部传授给宗喀巴。金刚乘经教和教授秘诀之法雨注满了宗喀巴大师的心田。

宗喀巴大师辞别传法上师，又前去日喀则的巴南宗寺，在这里向德钦却杰巴瓦上师求学了《金刚心要释》《金刚手上集释》《那若法门广释》以及"时轮"分支的教法。又从大德坚赞扎巴学习了布敦大师所著的《金刚生起广释》《瑜伽根本续摄义》《释续金刚顶》《净治恶趣续》《现见自性》《果夏那广严续》《吉祥最胜广释》等经文。同时他还求学了密宗方面的许多经论：吉祥时轮密典方面的经论，胜乐方面的经论，喜金刚方面的经论，大威德金刚法类、白伞盖法类等经论。经反复研习，成为通晓显密诸论的大学者。

宗喀巴大师在学经闻法的同时，亦重视讲、辩、著三学，仅讲经传法而言，他到卫藏后的第三年，即大师19岁时，就开始在桑普寺和极乐寺初转法轮（即初次讲经说法），巡回辩经。驻锡乃宁寺时，由一些学者和侍从前来启请，大师应请讲授了一次《阿毗达磨杂集论》。后在夏域寺为70

格鲁派

多名格西讲授《现观庄严论》《入中论》《阿毗达磨论杂集论》等经论；1378年，大师在索日安寺为70余名三藏法师详细讲授了《现观庄严论》《因明论》《俱舍论》《律经根本》《入中论》等经论。后大师被邀请到雅隆的门喀扎西东寺，由宗其·扎巴仁青作供养，在僧众的请求下，在同一天时间，讲十五种梵语经论的首页，作为法会的开始，从此，他每日从黎明直到黄昏，讲说教法十五座次，从未间断。十五种经论中，另有两种略本卷帙，首页讲完时，再以两种略本来补替续讲。所讲经典计有：《释量论》《现观庄严论》《上下对法》计两种；《律经根本》《慈氏五论中的后四论》计两种，《中观五论》计五种；《入行论》《入中论》《四百颂》等共计十七部大论。在讲说时，对于大论疑难之处，在以卫藏的注释作为依据的基础上，又以其他释论中破非立是的说法作抉择。在讲说其他诸论时，大多根据各自论典的注释本作详尽讲解，且在讲解过程中从未出现混乱和遗漏现象。对此，听者无不叹服，大加赞赏，皆认为这绝非是一般人的才能所达到的，要么这位大师一定得到智慧本尊的加持，要么必定是一位获得陀罗尼（如不忘和智利陀罗尼）的大菩萨。这次法会讲经后，大师的声誉犹如菩提树的花香遍扬雪域。另外他对有根器的具缘弟子分别讲授"道次第和生圆二次第"一些基础密法，并按鲁益香曲的《建立次第注疏》,讲说"五次第要义"、三次第的"幻身修法"等。当他的《密宗道次第广论》著成后,以此讲授密宗四续部的难点要义。在绛曲隆寺为几百三藏法师讲授了《密宗道次第广论》。应噶瓦东寺、觉摩隆寺、司普寺、塘萨巴寺等寺院之请,先后为600多名三藏法师讲授《根本智论广释》《菩提道次第》《辨了不了义论》《密宗道次第》《事师五十颂》《四百颂》等显密经论。后来在枳吾隆寺,由五百善知识作侍奉,帕竹阐化王扎巴坚赞作供养,为上千人讲传"道次第"和鲁赫巴传规的"胜乐修法"以及"母续圆满次第"等密法。

宗喀巴大师自受比丘戒后,即常带三法衣、锡杖、钵盂等必备资具,从未离身,且他以克什米尔班智达释迦室利之戒律,改戴黄色通人冠桃形僧帽,表示严守戒律的决心。1407年,大师50岁左右时,面对戒律涣散,日益式微的卫藏佛教,他深感痛心,在以阐化王扎巴坚赞为首的前藏藏王的大力支持下,他立志起衰救弊,锐意改革,制定出改革措施。

一、要求僧人严守戒律,强调僧人过严格的宗教生活,每个僧人的一言一行,衣食住行,皆依律而行。

二、严禁僧人娶妻生子,戒以女性作手印明妃,戒杀生,禁饮酒,令所有随从弟子,日日体察自身有犯无犯,倘若有犯,当即还净。

三、提倡学经制度，注意修行次第，遵循先显后密，先闻思后修习的次序。建立辩经、考试、授学位的制度。

四、每个寺院制定切实可行的规章制度，僧人依规而行。主要学经机构与经济管理必须分开，管理实行"委员制"，摆脱对单一世俗农奴主的依赖关系，而与各地方势力广泛建立起"施主"关系，不干涉世俗事务。

由于宗喀巴大师进行了一系列有效的宗教改革，从而恢复了佛教在卫藏的权威、地位和号召力，即赢得了僧侣们的广泛拥戴，又迎合了统治阶级的需要，得到了他们的支持。

1408年，大师51岁时，明永乐皇帝第二次遣使臣前来召请宗喀巴大师进京，大师为了筹备1409年的拉萨祈愿大法会的工作，又一次婉言谢绝，在使臣们的再三请求下，答应之后会派一名弟子前往京师觐见皇帝，并弘传佛教正法。法会后，派释迦益西带领几位弟子赴京朝觐，自此，格鲁派与明王朝建立了福田关系。

土牛年（1409年）正月，宗喀巴大师在藏王扎巴坚赞和长官南喀桑波的大力支持下，在拉萨大昭寺举行了盛大规模的正月神变祈愿大法会，法会前，藏王扎巴坚赞和长官南喀桑波出资将大小昭寺进行了培修，宗喀巴大师用36两黄金为释迦牟尼做了纯金五佛冠，还为大小昭寺的两尊释迦佛像做了佛衣，将大昭寺释迦牟尼佛像由化身像改为法身像。这次法会有不同教派寺院住持和地方头人作施主，所献财物甚多。法会上有不同教派的万余名僧人、两万余信众参加，在卫藏佛教史上可以说是首例，在卫藏各地方势力，尤其在各教派中产生了极其深远的影响。

自1409年祈愿神变大法会后，大师带领几位弟子勘察建寺基地，开始筹备建寺。由拉萨长官仁钦贝等任施主，在今拉萨市以东达孜区的卓日旺古山创建了格鲁派第一座寺院——噶丹寺，汉文史料中写作甘丹寺。这是格鲁派在前藏的祖寺。金虎年（1410年）二月初五日，宗喀巴同500名弟子在这里举行了开光典礼。噶丹寺初建后，只有一座僧伽集会诵经的大经堂，而没有修密法的殿堂，因此，大师又想建一座专门修持密法、设金刚坛城的殿宇。于木羊年（1415年）夏季，大师奠定了修建密宗殿的基础。到火猴年（1416年）密宗殿圆满竣工，取殿名为阳巴金殿。内建造三座密宗坛城，塑立以六十二尊胜乐尊为主的胜乐金刚坛城，以三十二尊密集金刚的密集坛城，以金刚手、大威德金刚的三座金刚坛城，还塑供了许多密宗佛像。

木马年（1414年），宗喀巴大师吩咐弟子绛阳曲杰·扎西贝丹修一座佛寺，并赐给他一个象征吉祥的右旋白法螺。以此，绛阳曲杰从1414年开始，在拉萨以西的格培乌孜

格鲁派

山脚下，修建了一座规模比噶丹寺还大的佛寺，取名为哲蚌寺。

土狗年（1418年），释迦益西从京城返回后，在拉萨东山脚下的平地上奠基，由宗喀巴大师作加持，开始建寺，即为色拉寺。1419年秋，色拉寺基本规模已形成，后陆续扩建，成为一座大寺。拉萨三大寺的创建，标志着格鲁派这一新的宗派诞生，善律派的法幢遂矗立于拉萨圣地上。

藏历土猪年（1419年）十月，宗喀巴将噶丹赤巴传给大弟子嘉察杰。农历己亥年（1419年）十月二十五日这天黎明前，大师在佛前诵《往生经》后，身穿三法衣，于法垫上结金刚跏趺坐，端庄身躯，双手作入定印，双目微闭，似在做最后祈祷，当日轮滚出山顶，光照人间之际，经三空（红、白、黑）相合，摄色身于胜义谛光明法身而示现圆寂，享寿63岁。大师的肉身经珍贵药物处理后保存于一座檀香木的座棺中，后精制了一座缀满各种宝石的大银塔，将檀香木棺奉安于大银塔中，置于灵塔殿。

大师一生师事40余位上师，法脉弟子共三千余名，其中前期八大弟子：嘉察杰·达玛仁钦、克珠杰·格勒巴桑波、格敦朱巴、都增·扎巴坚赞、绛央却吉、贤钦却吉、居钦·贡噶东珠、喜饶僧格；后期八大纯贤弟子：绛嘎巴、加央曲桑、仁钦坚赞、桑郡、绛桑巴、道丹·绛白嘉措、喜饶扎巴、贝郡巴、绛白扎西。此八人为宗喀巴大师离开世务专修时从事服侍的八位近侍弟子。还有事业继承者5人，教法明灯10人，利他事业者6人，被明皇御赐法王的有释迦益西和绛喇嘛却吉嘉布2人，还有2位多闻学者是大师的侄子，即玛久·南喀华和索朗南加。大师的一位侄孙名叫罗桑尼玛，学有成就，当桑普寺分成上院和下院后，下院的住持中，以罗桑尼玛名声最盛。

宗喀巴大师一生著作颇丰，四川德格印经院和青海塔尔寺印经院的木刻本计19函，170余种。拉萨三大寺和布达拉宫中有木刻版，有的为19函，有的为18函。后藏纳塘寺印经院和札什伦布寺、甘南拉卜楞寺、卓尼印经院都有木刻版。大师的《诗文散集》，共收有130余篇，其中120篇为诗歌，其余为散记，其中有名的为"四大赞"或"五大赞"。

嘉察杰·达玛仁钦
—— 至尊宗喀巴上首弟子

嘉察杰·达玛仁钦是宗喀巴大师的亲炙得意门生，对格鲁派的产生、发展起了重要作用，佛学知识渊博，尤擅长佛教哲学，在当时是藏区一位著名辩经高手。后来人们将他和宗喀巴、克珠杰在藏传佛教格鲁派中称为"师徒三尊"。

嘉察杰·达玛仁钦，意为"接替法王·兴盛宝"。据说，嘉察杰·达玛仁钦是吐蕃大臣拜·达巴的后裔，于藏历第六饶迥之木龙年（1364年）生于后藏年堆（即年楚河上游）日囊佐齐东果地方。父亲名达宏巴，母亲名觉姆喜饶。他出生时，南边的曙光映照在岗日沃齐神山上，也就是说他在金色的太阳刚升起山顶时降生。

10岁时，由乃宁巴·仁钦坚赞任亲教师，扎陀巴·宣努慈臣任轨范师，给他授沙弥戒而正式出家为僧，赐法名达玛仁钦。从两位授戒师始学文字写读和别解脱戒。后拜

格鲁派

大学者贡噶贝衮为经师,学习《释量论》及《量抉择略论》等;又拜日昂哇·仁钦多杰为师,学习《般若经论》;从年多札卡巴·顿珠仁青学习"上下对法论";依噶玉巴·洛哲桑布闻习《戒律论》;在译师嘉却华桑和相巴贡钦等师处聆听许多显密正法。又拜萨迦派名僧仁达哇为师,先学习般若、释量、律经、现观、中论等显宗论典,后又聆习吉祥密集、时轮、胜乐等密宗方面的经论,成为精通显密经论的善知识者,为仁达哇饱学七大论师弟子之一。以后因到萨迦、桑普、孜塘等地巡回辩论"十部大论"而闻名遐迩,被称为十难论师。

土龙年(1388年),达玛仁钦25岁时,经请求,由曲杰·贡噶贝巴任亲教师、至尊仁达哇任羯磨师、杰岗坚·耿噶贝哇任密教师,在持律师贝丹罗哲、洛哲村美等二十一位具比丘僧面前受了比丘戒。之后继续巡回立宗辩经,据说曾经与萨迦派著名雄辩家绒敦·玛威僧格(又名绒敦·释迦坚赞),和大贤雅德班钦传人辩论后,获得噶居巴[①]之称。之后心高气傲的他来到前藏巡回辩经,当听到宗喀巴的盛名后,想和宗喀巴辩论斗智。一次宗喀巴正在给僧众讲经,达玛仁钦连僧帽也不脱就走进讲经院。宗喀巴一见此情,离开高位法座,坐到下面的法座上继续讲经。达玛仁钦仍然表现出傲慢的姿态,戴着僧帽大摇大摆地登上大师的高位法座，坐下来静听宗喀巴的讲经，听到的却完全是过去在其他智者前从未听到过的高深经论，此时此刻，刚才的傲慢之心云消雾散，对宗喀巴肃然起敬，连忙脱下僧帽，从高位法座上下来，坐到听众中间，继续聆听尚未听完的经法。后来他放弃了与宗喀巴辩论的打算，诚心拜大师为师，做了首要弟子。

另一种说法是，嘉察杰闻知大师盛名之后，前来试探这位赫赫有名的大师到底是一位怎样的人，当他见到大师后，向大师提问了许多疑难问题。大师也揣度此人是一位证道者转生而来的，故对他的提问没有做正面回答。大师开始从印度法称论师的理论讲起，他说出凡希求解脱者决不可缺少的一切经论皆为修行的重要教授，及其教理等完整语教。由于嘉察杰系具法眼的利根智者，问法之后立即领会于心，由理智正实力，得知这是将一切经论作为修行教授而开示的，他能获得这空前嘉言甘露的缘分，实应庆幸。同时他想到这确是完成了将一切智佛世尊的所有正法无余地一起宣说的伟大心愿，因此心中情不自禁地生起敬信。他想道："奇哉，我已成为无上大德怙主所摄受的人"，于是百拜顶礼，以其头顶敬礼大师之足，请求慈悲摄受。他真心虔诚的声音随泪而发，因此大师也心生欢喜，允其所请。自此，从上师聆习"菩提道次第论"教授及"生起次

格鲁派

第"和"圆满次第"教导等显密宗经论的教言、秘诀的全部。后来宗喀巴大师在南藏当地方为僧众详尽讲授《律藏三学》经论时，他全部牢记于心，并整理成笔记。宗喀巴大师在色拉曲当山寺讲授"母续圆满次第种子"经时，达玛仁钦也认真做了笔录，后来称为"圆满种子笔记"。

土牛年（1409年）正月，拉萨祈愿大法会结束后，宗喀巴大师在今拉萨市以东达孜区的卓日旺古山上选择建寺地址，委派达玛仁钦和都增·扎巴坚赞两位弟子负责兴建噶丹寺（甘丹寺）。首先建成了佛殿、经堂、寝宫及70多间茅屋僧舍。噶丹寺建成后，该寺有绛孜扎仓和夏孜扎仓两个学府机构，绛孜扎仓是由达玛仁钦所创立，夏孜扎仓由克珠杰所建立。后又协助宗喀巴在噶丹寺修建了修习密法、供奉金刚坛城的阳巴金密宗殿。从此，达玛仁钦在噶丹寺专注于修学。他成名后，宗喀巴的许多弟子也拜他为师修学佛法。达玛仁钦协助宗喀巴宣传格鲁派主张，为创建格鲁派而尽心竭力。土猪年（1419年）十月，宗喀巴大师为了后继有人，临终前，将达玛仁钦传到他的寝室中，把自己的半月形僧氅、通人冠黄色僧帽授予他，让他接替格鲁派法位，"接替"藏语意译为"嘉察"，后来称他为"嘉察杰"，意即"接替法王"或继任法王，为噶丹寺第二任赤巴。

达玛仁钦从土猪年十月二十五日宗喀巴圆寂后，开始主持噶丹寺政教事务,培育寺院人才,让僧众走上成熟之道。金猪年(1431年),他年已68岁,主动从噶丹寺赤巴的法位上退下来,将法位转交给宗喀巴的第二大弟子克珠杰担任。达玛仁钦卸任后继续专注于讲、辩、著之事业,为弘传格鲁派教法、教义,做了很多贡献。其著作有中观、般若、释量、俱舍、现观庄严、戒律、密集、时轮、修行等方面的著作共8函。其中《入中论摄义》《能显解脱道论》《中观根本智论解说》等著作,以及记录整理的《因明备忘录》或称《因明理路集》,都是格鲁派学制中的必修课本。

嘉察杰·达玛仁钦于藏历第七饶迥之水鼠年(1432年)五月初八在布达拉宫圆寂,有的史料中说他在从噶丹寺去布达拉宫的途中圆寂。其遗体被迎回噶丹寺,噶丹寺制作银质灵塔,将遗骨奉安于灵塔中,安置在灵塔殿中,即阳巴金佛殿中,作为应化众生供养的福田。

注释:

①噶居巴:后藏札什伦布寺中对格鲁派必修的五论本注已经通晓的"格西"学位。

索南嘉措

——三世达赖喇嘛

遍知一切索南嘉措，意为"福海"，为第三世达赖喇嘛。他于藏历第九饶迥之水兔年（1543年）十二月二十五日伴随着吉祥奇异之兆出生在西藏拉萨西北之堆隆孜嘎康赛上部地方的一个小贵族家中。父第巴·南嘉扎巴，曾任山南琼结宗的宗本，母亲贝宗乌赤。出生后，用山羊奶乳给孩子洗礼，父母诵吉祥词为他取乳名拉努斯却贝桑。出生不久即会念诵观音菩萨的六字真言。3岁时记忆起二世达赖喇嘛格敦嘉措所做的一些重要事迹，人们都认为他是格敦嘉措的转世灵童。火马年（1546年）三月上弦月吉日，经仲钦·桑热哇和哲蚌寺喇吉等商议考察后认定为二世达赖喇嘛的转世灵童，迎入哲蚌寺，在噶丹颇章宫登上无畏狮座，全寺活佛、僧官及僧众都来敬献哈达祝贺。索南扎巴任轨范师给他剃度出家，并授予居士戒，赐法名索南嘉措。土鸡年（1549年）四月十五日，由班钦索南扎巴任亲教师，

格鲁派

桑普法王勒巴顿珠任受业师，为他授沙弥戒。师事班钦索南扎巴学习长寿灌顶、欲界自在退敌母、法王外修随许法、六臂怙主、黄财神等法；从法王勒巴顿珠闻习《怖畏集咒》《菩提道次第广论》《菩提道灯论》《广略戒律论》《释量论》《俱舍论》《辨了不了义论》《经庄严论》《五次第明灯论》《生起次第成就海》等；以噶丹寺夏孜勒端为师学习四臂观音、马头明王密修、白度母、长寿五仙女、二十一度母、文殊静猛合修、密集文殊金刚及噶当十六精要等法，并对上述所学各种显密之法进行实修和研究，成为通达者。

水鼠年（1552年），索南嘉措登上哲蚌寺无畏狮座，继班钦索南扎巴后任哲蚌寺第十二任法台。水牛年（1553年）正月祈愿大法会后，又从班钦索南扎巴经师广学各种密宗仪轨和随许法，尽得其传。这时蒙古地方首领派使者来藏邀请三世达赖喇嘛去蒙古弘传佛法，教化众生。当时他因学业未竟，又任法台之职，所以未能成行。木鼠年（1564年）四月十五日，由克智杰任亲教师，格敦旦巴达杰任轨范师，雪勒南杰任屏教师，索南华桑任报时师，在足数比丘僧中为他授了比丘戒。受戒后应札什伦布寺和后藏地方官员之请赴日喀则，登上了札什伦布寺狮子法座，为全寺僧众讲授了显密经论。以后几年中，索南嘉措的莲足遍履卫藏各地，朝礼了纳塘寺、岗坚曲培寺、萨迦寺、绰普寺等著名佛刹，所到之处讲经说法，作盛大供养和祈祷，传播了格鲁派教法，使格鲁派在西藏的影响越来越大。

土羊年（1559年），蒙古土默特部首领俺答汗[①]率众占据青海西北部，一些当地藏族被迫陆续迁到黄河以南的牧区放牧为生。俺答汗了解到当时格鲁派在西藏的影响和发展势力后，想借宗教势力为自己的统治服务，于东土蒙古地方弘传佛教，教化众生。在一个名叫阿兴的高僧劝导之下，俺答汗及其眷属、部下全部皈依佛教，敬奉三宝。这个阿兴喇嘛据说与三世达赖喇嘛的母亲是同一家族，是达赖母亲的同胞堂弟，故称阿兴，意为三世达赖的舅舅，由他做工作，沟通俺答汗和三世达赖喇嘛之间的关系。随后，俺答汗决定迎请三世达赖喇嘛到青海湖畔仰华寺会晤，于是在水鼠年（1576年）特派蒙古专使持诏书、特制金印、精致法衣和金银宝物等礼品，前往西藏迎请索南嘉措。专使于翌年六月到达拉萨，向索南嘉措献上邀请函和礼品。三世达赖喇嘛阅函后，为使格鲁派的佛法传播到雪域以外的蒙古地区，在那里播种、生根、开花结果，教化芸芸众生，便欣然接受了俺答汗的邀请，于火牛年（1577年）十一月二十六日从哲蚌寺启程。

三世达赖喇嘛一行经热振，渡过长江、黄河，抵达果洛阿柔地区，阿柔部落献马千匹、牲畜万余头作为供养。

格鲁派

三世达赖喇嘛与俺答汗于土虎年（1578年）五月十五日在青海湖畔的仰华寺②（蒙古语为察卜齐雅勒庙,建于1577年）会晤。在会面的盛宴上,俺答汗赠送给三世达赖喇嘛大量礼品,其中有500两白银制作的曼札1具、盛满宝石的金碗1只、五种色彩的绸缎各20匹、马100匹,其中10匹白马的马鞍用宝石镶嵌。献礼毕,俺答汗与索南嘉措双方共同追忆忽必烈与八思巴结成施主与福田善缘,在蒙古地区弘传佛法的往事,俺答汗以忽必烈自居,索南嘉措则把自己比作八思巴,双方重新结成施主与福田关系,施主与福田犹如一对日月普照大地,开辟佛法正道,相互取得了信任和共识。于是俺答汗赠给索南嘉措"圣识一切瓦齐尔达喇达赖喇嘛"的尊号,索南嘉措也回赠俺答汗"咱克喇瓦尔第彻辰汗",意为"能转金法轮的聪睿汗王"。"圣识一切瓦齐尔达喇达赖喇嘛",这一尊号中"圣识一切",即为"遍知一切";"瓦齐尔·达喇"是梵文,意为"持金刚";"达赖"是蒙古语,同藏语"嘉措"同义,为"大海",聪明的蒙古汗王巧借"嘉措"一词转换为"达赖",因为他悉知格敦嘉措和索南嘉措的法号中都有"嘉措"二字;"喇嘛"是藏语,意为"上师"。从此才有了"达赖喇嘛"这个专用尊号。后来格鲁派上层追认格敦朱巴为第一世达赖喇嘛,格敦嘉措为第二世达赖喇嘛,以后历辈达赖喇嘛的法号中皆有"嘉措"

二字。

在这次会晤中，俺答汗集合土默特、鄂尔多斯、永谢卜诸部10万余众集会，宣布信奉格鲁派，并举行了隆重的入教仪式，当时蒙古人受戒者达千人，仅土默特部就有108人出家为僧。经三世达赖喇嘛提议，双方商议后，制定了《十善福法规》，以法令规定部属禁止萨满教，烧毁"翁贡"；取消夫死后，以其妻、奴仆、乘马、财宝殉葬，以及杀牲祭祀等陋俗；保护喇嘛僧侣，修建寺庙、翻译经典、颁行戒律等。俺答汗还许愿在呼和浩特修建寺庙，以八宝装饰佛像。博硕克图济农许愿将108函《甘珠尔》大藏经用宝石金银装饰。萨勒扎勒彻辰岱青许愿修建三世佛寺庙。这次具有历史意义的会晤结束后，俺答汗准备返回土默特，他邀请索南嘉措同行，而索南嘉措却派了二世东科尔云丹嘉措作为他的代表，常驻蒙古讲经传法，他的使命是代表达赖喇嘛与蒙古各部联络。达赖喇嘛说："我现在正在修建理塘的格敦寺，等完工后，若西藏方面不出现其他事，我就去蒙古。"俺答汗同意了他的建议。这时，被派到西藏给三大寺放布施的阿兴喇嘛从西藏返回青海，并带来了一封西藏全体僧俗恳请三世达赖喇嘛迅速返回西藏的信件。三世达赖喇嘛为了巩固与蒙古的关系和更广泛的弘传佛法，未做马上返藏的打算，而相继在青海、蒙古、康区各地弘

格鲁派

传格鲁派教法,倡建佛寺。

索南嘉措与俺答汗的会晤,引起了明王朝的重视,于是在土虎年(1578年),明王朝命甘肃巡抚侯东莱把索南嘉措请到甘肃,让索南嘉措劝说俺答汗返回蒙古。索南嘉措于是年冬天到达甘肃,受到隆重接待。这时索南嘉措为了格鲁派的事业,想和明王朝取得联系,得到明朝的支持。因此,他与侯东莱会见后,答应了朝廷的安排,并且给明朝内阁首辅张居正写了一封很重要的信,还有压书贡品。张居正接到书信和贡品后,不敢擅自接受,向万历帝禀报,万历帝遂准许达赖喇嘛纳贡。万历帝派人封他为"大地之上的救护者",并赐印信及衣物,召请进京,还封其管家为国师。三世达赖喇嘛于土兔年(1579年)回到青海,俺答汗在他的劝说下率众东返。

水马年(1582年)底,索南嘉措又应俺答汗所派使者之邀回到青海,水羊年(1583年)应申中部族头人和贡巴哇·仁钦宗哲坚赞之请到塔尔寺,驻锡于塔尔寺专门为其修建的森康贡玛(上寝宫)。达赖喇嘛在此寝宫中静修多日。期间,他选择了东山坡上林荫浓罩的一块宝地,诵经加持寺址,并为广大僧众讲经传法。达赖喇嘛特地嘱咐五部族头人和贡巴哇,以这块圣地为中心,集资建成佛法僧三宝俱全的一座梵宇伽蓝,并赐给自己的肖像画一轴、吉祥天母画一轴、护法神像一幅，还为扩建菩提大银塔赐银1000两。据《塔尔寺志》载，该寺最早的护法神松格嘉沃也是三世达赖喇嘛安置的。木猴年（1584年），僧人们在达赖喇嘛讲经坐过的地方修建一座土台法座，后又建九开间赤康，将土台法座覆盖保护起来，成为凡来塔尔寺的达赖喇嘛和班禅大师讲经说法的地方，被称为"佑赤贡玛"，意为前世达赖喇嘛讲过经的"宝座殿"。

三世达赖喇嘛在塔尔寺讲经传法后前往化隆夏琼寺，朝礼了法王端智仁钦和宗喀巴大师像，辨认了端智仁钦的灵骨砖塔，并布施黄金数百两，吩咐用铜包裹灵塔。后寺僧依达赖喇嘛佛旨，将砖制灵塔改建为铜制灵塔。之后他到丹斗、央斗寺等后弘期圣地朝礼传法，路经甘肃临洮寺时，调解了当地蒙古族与明王朝的纠纷，使他们归于和睦安乐；从临洮赴炳灵寺朝圣，朝礼了岩洞石窟佛像；又从甘肃回到青海火落赤部传教。这时，以鄂尔多斯的钦颜诺颜为首的一千骑兵前来迎请，他于木鸡年（1585年）到达蒙古鄂尔多斯西拉乌苏河右岸的依克沙巴尔，在这里与蒙古王公们会谈，还调停了3个蒙古部落之间的战争。于火狗年（1586年）到达归化（今呼和浩特），与僧格都棱汗会晤，为水羊年（1583年）去世的俺答汗举行了隆重的祈祷仪式，给俺答汗所造的佛像装藏开光。火猪年（1587年）又为僧

格鲁派

格都棱汗的逝世举行了追荐法事仪式,同时在呼和浩特倡建了席力图召寺(又写作锡热图召寺)。接着应察哈尔部图门汗的邀请去蒙古东部传教,广收门徒。同年,蒙古喀尔喀部阿巴岱汗远道前来拜见,三世达赖喇嘛赠给阿巴岱汗"诺门汗牙齐瓦齐尔可汗"的尊号。这时格鲁派的影响已遍及蒙古地区,三世达赖喇嘛的传教弘法事业取得了极大的成果,把佛教从西藏远播到了广大漠北草原。

土鼠年(1588年)初,应顺义王扯力克请求,万历帝遣使臣到蒙古,召请三世达赖喇嘛去京师会谈,并讲经弘法;使臣带的敕文中封他为"朵儿只唱"(金刚持)。达赖喇嘛接受了皇帝的召请,立刻动身前往,但不幸于当年三月二十六日,在赴京途中的蒙古卡欧吐密地方圆寂(又有在喀喇沁部一个叫扎噶苏台的地方圆寂之说),时年46岁。青海塔尔寺安放了他的灵塔,并修建了三世达赖喇嘛灵塔殿,又名"达赖遍知殿",至今保存完好。

据说三世达赖喇嘛临终前答应他的来世将会转生在蒙古地方,这是三世达赖喇嘛留下的一个极不寻常、出人意料的遗言。果然在三世达赖喇嘛圆寂一年后,四世达赖喇嘛在蒙古王族中诞生了。

注释：

①俺答汗（1507～1583年），又名阿勒坦汗，蒙古土默特部首领。原驻呼和浩特一带，1559年入据青海。1571年明朝封为"顺义王"。1576年邀三世达赖喇嘛索南嘉措至青海相见，互赠尊号。在他的积极倡导下，藏传佛教在蒙古地区得以迅速传播。

②仰华寺：藏语名为"图钦曲科林"，意为"大乘法轮洲"，汉语称"仰华寺"。寺院位于青海湖南岸的恰卜恰地方，系汉式建筑风格。1577年，蒙古俺答汗为了与三世达赖喇嘛在此会晤而特地修建此寺。寺院由三重围墙护围，内建有观音菩萨、大威德金刚神殿，神殿之间建有菩萨、药叉殿和嘛呢石堆，寺前左、右两面各建有俄萨颇章和德钦颇章两座寝宫。后来由于西海蒙古侵扰明朝，明朝大臣郑洛在1591年派兵焚毁。

罗桑嘉措
——五世达赖喇嘛

阿旺罗桑嘉措,意为"语自在善慧海",系第五世达赖喇嘛,于藏历第十饶迥之火蛇年(1617年)七月二十三日出生在前藏山南琼结琼旺达孜地方一个小贵族家庭。父亲萨霍尔·都登饶丹曾任第司政权宗本,属琼结巴家族,是帕竹政权管辖的一个贵族,领地以日喀则为中心,世袭日喀则宗本。所谓"萨霍尔",是因其家族相传是东印度萨霍尔(今孟加拉国)的一个国王的后裔。母亲名贡噶拉则,出生在羊卓万户的浪卡孜家族,其先祖阿迦伦是元代一位著名的萨迦本钦。四世达赖喇嘛圆寂后,当时掌握西藏政权的藏巴汗明令禁止四世达赖喇嘛转世,故四世班禅于水狗年(1622年)秘密认定他为四世达赖喇嘛的转世灵童,迎至哲蚌寺供养,后因四世班禅为藏巴汗治愈重病,才得以公布他为五世达赖喇嘛。据藏文史料《道次师承传》记载:四世达赖喇嘛的转世灵童在琼结出生后,是一个健壮而聪明的孩子，刚会走路说话，即有手结法印为众生讲经说法的异行。据说他还见过尊者阿底峡和宗喀巴大师等多位贤哲的圣容。

水狗年（1622年）二月二十五日，在以四世班禅为首的拉萨三大寺喇嘛僧官及僧伽仪仗队的迎请下，五世达赖在哲蚌寺噶丹颇章举行隆重的坐床典礼。9岁时，由四世班禅任亲教师，赤钦贡却群培任轨范师，为他授沙弥戒，赐法号阿旺罗桑嘉措，简称罗桑嘉措。

五世达赖喇嘛在哲蚌寺坐床受戒后，从四世班禅大师聆听沙弥训诫教言、法行教诫、本尊大灌顶、文殊随许法及广略菩提道次第等许多经教；拜赤钦贡却群培为经师，聆习《菩提道次第广论》及略论的教言；又以昆冬·班觉龙珠为师，闻习经法甚多。他先后从多位经师广学显密诸论及大小五明学科，成为广闻博学的学者。土虎年（1638年）三月初五，罗桑嘉措22岁时，四世班禅大师为他授了比丘戒。

五世达赖喇嘛的青年时代，正是噶玛政权统治西藏的时代。这时格鲁派寺院集团虽然经过前世达赖、班禅继承宗喀巴大师的事业而极力拼搏，其势力也非常强大了，但仍处于受排挤的地位。从帕竹政权的中期起，直至五世达赖喇嘛时的噶玛政权，他们一直反对和限制格鲁派的发展，甚至兵戎相见之事也屡见不鲜。因此，一世至四世达赖喇嘛在艰难的环境下渡过了漫长的两个世纪，纵然使格鲁派的势力得到了长足的发展，但掌握西藏地方政教大权的愿望始终未能实现。前辈梦寐以求的宏愿变成了现实的重任，遂落在了具有敏锐政治眼光的五世达赖喇嘛身上。

木狗年（1634年），蒙古喀尔喀部却图汗征服了青海，他是噶玛噶举的忠实信徒，随即与噶玛政权的第司藏巴·丹迥旺布、康区的白利土司端月多吉结成同盟，立誓要摧毁拉萨三大寺，消灭格鲁派。这时五世达赖喇嘛的处境很艰难，比藏巴汗彭措南杰在世时格鲁派所处的境况还困难。为改变这一局面，他与四世班禅大师共商，派人去请厄鲁特蒙古和硕特部固始汗出兵援助。而此时固始汗也正在希图转移牧地，寻求新的出路。接到格鲁派请他进军青海的要求后，他认为机不可失，于火鼠年（1636年）伪装成香客来到拉萨，与五世达赖喇嘛、四世班禅会面。五世达赖喇嘛为他举行了隆重的法会，还授予他"敦真却吉嘉波"称号，意为"持教法王"。之后，固始汗返回新疆，于火牛年（1637年）率部自新疆进入青海，在准噶尔部巴图尔洪台吉的协助下，一举消灭了当时占据青海的蒙古喀尔喀部的却图汗，占领了青海全境；青海蒙藏各部均归其统治。同一时期，五世达赖喇嘛、四世班禅与固始汗确定

格鲁派

了先消灭白利土司,再进藏消灭藏巴汗的行动计划。就在这之后,白利土司给第司藏巴汗写信,约他于次年联合起兵讨伐格鲁派。这封信被格鲁派喇嘛截获,交给了固始汗。固始汗即在土兔年(1639年)五月,提前兵进甘孜,占领了康区,于次年冬擒获白利土司并予处死。这时固始汗已控制了西藏东、北地区。就在这年,五世达赖喇嘛与四世班禅商议,派人密召固始汗率兵由康区进入西藏。水马年(1642年),固始汗到拉萨后,先是按兵不动,也不侵扰僧俗,接着将四世班禅从扎什伦布寺接到拉萨来,以免日后进攻噶玛政权时遭到迫害。随后固始汗又公开扬说要返回青海,麻痹噶玛政权的第司藏巴·丹迥旺布,使其失于戒备。紧接着,固始汗在格鲁派向导的带领下,很隐蔽地向后藏进兵,很快一举摧毁了噶玛政权。水马年(1642年)三月,固始汗迎请五世达赖喇嘛到日喀则,仿照忽必烈供养八思巴之例,将收回的十三万户的土地献给五世达赖喇嘛作为供养,建立噶丹颇章政权,将西藏的政治中心从日喀则迁到拉萨,使五世达赖喇嘛取得藏传佛教领袖地位。五世达赖喇嘛利用固始汗的军事力量打败了自己的敌对势力,稳固和提高了他在西藏佛教界的地位和威望,固始汗也心甘情愿地出兵为他效劳,最后得到了统治西藏的实权,最终形成以寺院、贵族、地方政府为三大领主的封建农奴制。木鸡年(1645

年），五世达赖喇嘛命第巴·索南热丹主持重建布达拉宫，于是年三月二十五日动工，历时3年建成白宫。五世达赖喇嘛将设在哲蚌寺的噶丹颇章移到布达拉宫，作为达赖喇嘛的行宫，自此布达拉宫成为举行达赖喇嘛坐床、亲政大典等重大宗教、政治活动的地方。

水马年（1642年），五世达赖喇嘛、四世班禅和固始汗都以政治家的敏锐眼光觉察到全国形势的发展变化，为了及早与清王朝建立联系，经商议决定派以伊拉固克散呼图克图和色钦曲杰（车臣法王）为首的使团去东北盛京（今沈阳），一方面与皇太极通好，另一方面弘传佛法。是年十月使团抵达盛京，皇太极率领亲王、贝勒、大臣等出怀远门迎接，入城后又设大宴于崇政殿；使团献上五世达赖喇嘛的书信及黄绸缎、氆氇等贡物。他们一行在盛京居留了8个月，期间色钦法王为皇太极及皇室眷属讲经传法。使团离开盛京时，皇太极赐给大量金银器具、绸缎、朝衣等，给西藏的五世达赖喇嘛、噶玛噶举派活佛、固始汗、藏巴汗等都写了信，并赠送了礼品，还给后藏萨迦派等其他教派的上层人物也写了信，并送了礼物。

顺治帝入关后，派人到西藏看望过五世达赖喇嘛，使者在各大寺院熬茶、放布施、赠厚礼，关系甚密。水羊年（1643年）九月，固始汗派人来朝廷奏报："达赖喇嘛功德

格鲁派

甚大，延请至京师，令其讽诵经文，以资福佑。"木猴年（1644年）正月，清廷派使节进藏，迎请五世达赖喇嘛。以后，又三次派专使到西藏，敦请五世达赖喇嘛来内地。土牛年（1649年），五世达赖喇嘛遣使奉表，言于壬辰年夏月朝见。所说"壬辰年"即指清顺治九年（1652年）。水龙年（1652年）三月十五日，五世达赖喇嘛一行包括满、蒙古、藏族官员，高级僧侣和士卫3000余人，从哲蚌寺启程前往京城。他们从当雄扎西塘向青海进发，八月十五日抵达塔尔寺；清廷派驻西宁官员率骑100余人来迎接。之后从西宁经甘肃、宁夏，到达蒙古地区，先驻于呼和浩特的大召寺，后转驻岱噶地方（今乌兰察布市凉城县岱海湖附近），等待清廷安排进京。之后根据顺治帝的旨意，五世达赖喇嘛把大部分随行人员留驻内蒙古，于当年十二月，只带少数随从进京朝见。顺治帝在南苑会见达赖时，赐座、赐茶、赐宴，以殊礼相待，当天即由户部拨供养白银9万两，之后设宴于太和殿，为五世达赖喇嘛一行洗尘。达赖喇嘛向皇帝进呈礼品有珊瑚、琥珀、青金石佛珠、氆氇、蔗糖、唵叭藏香，以及马匹、羔皮各千件。顺治帝回赐达赖喇嘛金器、彩缎、鞍马等物。达赖在京留居两月间，皇帝赏赐物品先后达7次，其中赏赐了黄金550两、白银1.1万两、大缎1000匹和其他许多珠宝玉器。皇太后也赏赐黄金100两、白银

1000两、大缎1000匹。皇帝还命在京的满蒙王公轮流宴请达赖喇嘛等,并周密地安排了达赖喇嘛及其随从人员的饮食起居。水蛇年(1653年)二月,五世达赖喇嘛以水土不服为由,呈请顺治帝批准返藏。离开京城前,顺治帝又隆重设宴,为五世达赖喇嘛饯行,并赏赐给大量黄金、白银、珠宝、玉器等厚重礼品。三月行至岱噶,一些未能入京的蒙古王公、呼图克图等纷纷前来拜见达赖喇嘛;喀尔喀蒙古土谢图汗、哲布尊丹巴呼图克图等亦派人向达赖喇嘛进献马匹、哈达、曼札等物;皇帝亦派人转赏达赖喇嘛留在岱噶的近二千人以银两、缎匹等。五月间,顺治帝遣礼部尚书觉罗郎丘、理藩院侍郎席达礼等前来岱噶,送上顺治帝亲自册封五世达赖喇嘛的有汉、蒙、满、藏四种文字的金册、金印。金印全文为"西天大善自在佛所领天下释教普通瓦赤喇怛喇达赖喇嘛"。返藏途中,五世达赖喇嘛在青海境内去了今大通县的广惠寺,在寺内举行佛事活动,为僧人讲经传法,因而提高了该寺的声望。七月十一日抵达青海湖东岸的察汗托罗湖时,受到青海蒙藏各部首领及几个大寺的迎接。在这里额尔德尼洪台吉献白马100匹做执见礼,并请求撰写了《青海湖祭文》,署名萨霍尔完德。由五世达赖喇嘛亲自主持举行了盛大规模的祭海活动,参加祭海的蒙、藏、汉群众和僧人达几万人。十月返藏后,他

格鲁派

用清廷所赐金、银,在前后藏新建十三座格鲁派寺院,称为格鲁派"十三林",并还对格鲁派寺院进行了全面整饬,制定了严格的僧制(如寺内组织机构、僧官任免制度、僧人学经程序、纪律仪轨等),规定了寺院常住人数等。这些制度后来相沿不变。五世达赖喇嘛还曾赴云南中甸,为中甸建寺而选择寺址,于土羊年(1679年)动工,1681年竣工,五世达赖喇嘛赐寺名为"噶丹松赞林",汉语称"归化寺"。大寺坐北向南,为五层藏式雕楼建筑,这座寺院是云南中甸最大的寺院。该寺占地500亩,筑有坚固、厚实的城垣,开设扎雅、独克、东旺、龙巴、鲁古五道城门。扎仓、吉康两大主殿建于最高点,居全寺中央。

五世达赖喇嘛在支持发展格鲁派的同时,也积极支持宁玛派。如金狗年(1670年)四月十二日,他为仁增居美多杰在山南扎囊地区选择建寺地址,并在建寺资金上予以资助,这座寺院就是敏珠林寺。他曾给年纪比他小的德达林巴剃度出家,但后来又从德达林巴学习密法,德达林巴遂成为他的密法授业师。他极力扶持宁玛派,关注培养宁玛派僧才,故宁玛派僧众十分敬信五世达赖喇嘛。

五世达赖喇嘛几次巡游前后藏各地,委任宗本,制定服饰等级,扩大其影响。水虎年(1662年)二月,四世班禅大师圆寂,他为其举行葬礼,主持认定五世班禅灵童事宜，并于金狗年（1670年）在布达拉宫为五世班禅剃发授沙弥戒。固始汗去世后，其在青海诸子互不统属，他派人到青海划分左右翼，要青海诸台吉以固始汗幼子达什巴图尔为首领。水虎年（1674年），吴三桂反清，康熙帝要五世达赖喇嘛劝谕青海蒙古发兵配合清军攻取云南，西藏和青海军队攻占中甸一带后，不愿深入，他又奏请康熙帝与吴三桂裂土罢兵，遭到康熙帝斥责。金猪年（1671年），准噶尔部首领僧格被杀，其弟噶尔丹在西藏为僧，他同意噶尔丹还俗返回新疆，掌握准噶尔部权力。土马年（1678年），噶尔丹统治厄鲁特各部，此时南疆维吾尔族白山派、黑山派互争，白山派首领阿帕克逃至西藏向他求救，他写信让阿帕克带给噶尔丹，噶尔丹进兵南疆，将南疆部分赋税献给五世达赖喇嘛。次年他赠给噶尔丹"博硕克图汗"称号，加强了格鲁派上层与准噶尔贵族的联系。土羊年（1679年），他任命多年培养的学生桑结嘉措（1653～1705年）[①]为第五任第司（摄政王），掌握西藏行政大权。

五世达赖喇嘛罗桑嘉措于藏历第十一饶迥之水狗年（1682年）二月二十五日，在布达拉宫圆寂，时年66岁。1690年，布达拉宫建造了一座金质灵塔，塔高14.85米，基座为方座圆身，分塔座、塔瓶（塔身）、塔刹三部分。塔座、塔身全用纯金皮包裹，共用黄金11万两，并镶嵌1500余

格鲁派

颗金刚钻石、红绿宝石、翡翠、珍珠、玛瑙等珠宝。达赖的遗体用香料、藏红花等药物处理后奉安于塔瓶内，以供信徒信民瞻仰顶礼。这座灵塔供于红宫第四层灵塔殿中，被誉为"世界一庄严"。

五世达赖喇嘛不仅是一位佛学家、政治家，还是一位史学家和医药学家。水羊年（1643年），他27岁时著成《西藏王臣记》，现已有英、法、日、俄、德等外文译本。后又著《极密大圆满教法史》《三世达赖传》《四世达赖传》《四世班禅传》《大索尔传》等。此外，他所著的《大宝项链目录》是一部宁玛派桑丹寺所有关于阿底瑜伽的经典目录；《释迦佛像记·水晶宝镜》一书是有关拉萨大昭寺内释迦牟尼佛像的史记；还有《萨霍尔完德·阿旺罗桑嘉措传》（自传）、《本生传·如意穗》；在佛学方面有《持明教言》《法性新释》《菩提道次第论讲义》《引导大悲次第论》《中观论解说》《戒律论释》，给藏蒙上层人士的《书札记》等；文学方面有木虎年（1674年）著的《珍珠树格言》《诗镜论》《妙音欢歌》等；医药方面有《良药文集》《山川交界之百灵丹》等，并倡建医药经院。其著作共有30余部，是留给藏族人民的宝贵文化遗产。

注释：

①第司桑结嘉措，是拉萨北郊娘称地方人，8岁时从五世达赖喇嘛聆听显密佛学，从达巴译师听受历算学和语言学，从鲁果·阿旺学习声韵占卜术；从绛巴龙当·南加多杰学习人体尺度学本论支干和秘方诀窍等。1679年，任五世达赖第司，管理政教事务。在任期间，他扩建、维修布达拉红宫，创建拉萨甲波日医药学校，建造五世达赖肉身灵塔，校正刊刻《四部医典》。其著作有《普氏算法·白琉璃》《白琉璃除垢》《金塔志·赡洲独严》《法典清明晶鉴》《医学概论·琉璃宝镜仙人喜筵》《医学四续注释·蓝琉璃》《格鲁派教法史·黄琉璃》《诀窍论补遗·斩除非命死绳利剑》《医学四续图解》等。已刊刻本有33卷，未刊刻的有6卷，北京民族文化宫收藏14卷。1705年，桑结嘉措进攻拉藏汗，战败被杀。

图旦嘉措

——十三世达赖喇嘛

十三世达赖喇嘛图旦嘉措,意为"佛教海",系西藏拉萨东南部下达布地区(今朗县)朗敦村人。他于藏历第十五饶迥之火鼠年(1876年)五月初五生于该村一普通农民家中,取名罗桑陶凯嘉措。父名贡噶仁钦,母名罗桑卓玛。

十二世达赖喇嘛圆寂后,由驻藏大臣、噶厦政府、四大林(呼图克图)以及三大寺僧俗上层组成一个灵童寻访机构,以比认定前几世更加严格、谨慎的态度,进行秘密寻访、护法神降神谕示、观圣母湖幻景、当面考察、辨认遗物、正式认定、层层申报批准等一系列工作,最后认定罗桑陶凯嘉措为十二世达赖喇嘛的转世灵童。火牛年(1877年),噶厦政府委派较熟悉内情的卸任堪布前往朗敦村灵童家中,向灵童敬献哈达和金刚如意法轮、白度母佛像等贵重礼品。与此同时,八世班禅丹贝旺秀、摄政王公德林呼图克图和三大寺、札什伦布寺的全体僧俗官员上书驻藏

格鲁派

大臣松湘,请其转奏光绪皇帝,达赖灵童确而无疑,请免于金瓶掣签。当年三月,光绪帝谕旨:"贡噶仁钦之子罗布藏塔布凯甲木措,即作为达赖喇嘛之呼毕勒罕,毋庸掣签,钦此。"同年十一月初一,达赖灵童身着法衣,乘黄轿在仪仗队的导引下离开朗敦,前往拉萨。沿途各地百姓和各寺庙僧尼,虔诚、隆重地焚香致敬,将达赖灵童迎至贡塘寺暂住。

土虎年(1878年)正月十一日,八世班禅丹贝旺秀同摄政王公德林呼图克图,经师普觉·罗桑次臣·强巴嘉措等前去贡塘寺会见达赖灵童。接着在日光殿佛像、佛经、佛塔等三佛田前,八世班禅大师为达赖灵童削发,并取法名"吉遵·阿旺罗桑·图旦嘉措·晋美旺秀·却勒南巴杰娃·贝桑布",简称图旦嘉措。正月十八日,噶厦政府请驻藏大臣转奏光绪帝:"达赖喇嘛坐床大典,拟于明年(土兔年)举行,请予恩准。并请按惯例使用金册金印,乘用黄轿。"

土兔年(1879年)正月,光绪帝的圣旨到了拉萨,内云:"达赖喇嘛转世已确定,今年六月十三日良辰吉时举行坐床,甚佳,朕深喜之!现赐达赖喇嘛黄哈达一条、佛像一尊、念珠一串、铃杵一套。达赖喇嘛坐床之后,可启用前世达赖之金印,并将用印时日上奏。前辈乘用黄轿及黄色鞍辔均予准用。佛父贡噶仁钦封为公爵,赏戴宝石顶子,着孔雀翎。依旨遵行，钦此!"六月十三日，十三世达赖喇嘛灵童从贡塘寺乘轿进入布达拉宫，十四日，举行正式坐床仪式。至此，坐床典礼结束，十三世达赖喇嘛灵童不再称灵童，而是真正的十三世达赖喇嘛了。五月初四，噶厦政府就由何人任十三世达赖喇嘛经师一事向光绪帝上奏，六月二十三日，皇帝降旨，内云："以摄政王公德林呼图克图阿旺班丹·曲杰坚赞为正经师，普觉夏仲·罗桑次臣·强巴嘉措为副经师，当地衙门依旨遵行。"八月十四日，经师、摄政王公德林呼图克图为十三世达赖喇嘛授居士戒，教授念诵皈依经，十三世达赖喇嘛向两位经师叩拜。从此，十三世达赖喇嘛开始在两位经师处学读藏文和聆听佛学经典。

水马年（1882年）正月十三日，在拉萨大昭寺释迦牟尼佛像前，十三世达赖喇嘛向佛像顶礼，由经师公德林任亲教师和轨范师，副经师普觉任知时师，在以噶丹赤巴为首的僧众中接受沙弥戒。是年七月十五日，八世班禅大师在后藏托布嘉地方圆寂，十三世达赖喇嘛悲痛之余与摄政王公德林商议，决定尽快起草祷文并印刷后在前后藏全体僧俗民众中祷诵，广布奠祭供施。土鼠年（1888年）正月十四日，为已寻访的几名九世班禅灵童候选人举行金瓶掣签仪式，结果出生在塔布地方的灵童被确定为九世班禅。十五日，为九世班禅灵童披剃出家，取法名"吉尊罗桑却吉尼玛格勒南嘉贝桑布",简称罗桑却吉尼玛。

土鼠年（1888年），发生了英国侵略西藏的第一次战争。六月二十九日，十三世达赖喇嘛接见赴帕里地区参加抗英战争的察雅地方千余名官兵和领军彭康及增仲强巴等人，为官兵摸顶赠送护身符。七月，又为去帕里参加抗英的宁玛派多杰扎寺僧官及僧人赠送礼品。十月，驻藏大臣升泰赴帕里时向十三世达赖喇嘛辞行，十三世达赖喇嘛为他赠送礼品，并祈愿胜利归来。土牛年（1889年）闰一月十九日，尚未亲政的十三世达赖喇嘛盲目地在向皇帝禀报驻藏大臣升泰已在帕里与英国签订边界和约的三封奏折上加盖金印。二十九日，遵照皇帝旨意，驻藏大臣升泰与英国斡旋，抗击英国侵略军的边境战争得以和平解决，十三世达赖喇嘛接见了由帕里返回的官兵。

金虎年（1890年）三月十七日，驻藏大臣升泰在印度加尔各答，遵照清政府的旨意与英国订立了《藏印条约》。升泰于六月初一抵达拉萨，六月初二到罗布林卡拜会十三世达赖喇嘛，并告知了《藏印条约》的内容和订约经过。十三世达赖喇嘛即将该条约抄文发给西藏僧俗大众讨论。西藏人民和有识之士不接受《藏印条约》，反对升泰媚外卖国行为。水蛇年（1893年）十月二十八日，驻藏大臣奎焕与英国又签订了《藏印续约》，西藏人民仍然反对。事实上，该条约和续约毫无效用，从来不被十三世达赖喇嘛和西藏人民所承认。

十三世达赖喇嘛19岁时，针对寺院一些僧人不严守戒律而对僧官们做了一次训令。大卓尼遂召集三大寺轨范师、格贵（法棒）喇嘛、哲蚌寺噶丹颇章、色拉寺侍寝管家及噶丹寺赤巴管家传达十三世达赖喇嘛的严明训示：寺院之各项教规戒律，本应遵照历世佛宝之规定实施，不能违犯。但近年寺院执事人员管教不严，违犯四根本戒的事时有发生，如饮酒、吸烟、下棋、夏逛林卡、冬与浪人结伙、身穿奇装怪服、游荡于各村庄、践踏贫苦百姓，等等。除应追究直接违犯者的责任外，其轨范师、格贵喇嘛等都应受到处罚。但又念违犯者尚能悔过自新，拟从轻发落。各扎仓堪布、格贵喇嘛和康村、弥村的师傅长辈，应对违犯戒律之人严加管教，不能再放任自流。今后如再有放纵不羁而违犯戒律之事，不仅要惩罚犯律之人及其保人，且要追究各级负责人，并加以严惩。望权衡处置，切勿颠倒。

木羊年（1895年）正月十一日，由经师普觉任亲教师兼轨范师，副经师林仓活佛罗桑隆多丹增赤列任羯磨师，噶丹寺赤巴罗桑楚臣任报时师，珠康活佛洛桑阿旺丹增嘉措任屏教师，在大昭寺释迦牟尼佛像前为年满20岁的十三世达赖喇嘛授比丘戒，并举行授戒庆典活动。同年八

格鲁派

月初八,于布达拉宫司西彭措大殿为十三世达赖喇嘛举行盛大隆重的亲政大典。

十三世达赖喇嘛在学习佛典、辩论经论、闭关修持的同时,也十分重视西藏政事。面对英国犯境,西藏军火短缺的现实,于土猪年(1899年)三月二十六日,他向光绪帝上了一道奏折,请求清政府帮助解决西藏的军火与财政困难问题,以便抵抗英国的侵略。十三世达赖喇嘛的正当要求,遭到腐败无能的清政府的拒绝。

水兔年(1903年),英军入侵康巴宗,十三世达赖喇嘛力主抗英,发布文告,征集全藏兵员,准备抵抗。木龙年(1904年),西藏军民包括寺院僧人在江孜英勇抗击英军,终因驻藏大臣不予支持,弹尽粮绝而失败,军民伤亡无数。六月,英军逼近拉萨,提出与十三世达赖喇嘛谈判。三大寺上层及僧俗官员怕谈判不成功会对十三世达赖喇嘛造成伤害,遂再三劝请十三世达赖喇嘛暂离拉萨。于是,十三世达赖喇嘛命噶丹寺赤巴罗桑坚赞代摄政务,自己带领少数随从秘密离开拉萨,前往青海、内蒙古,后转赴外蒙古,在库伦住了两年多时间。木蛇年(1905年)西藏派出代表到库伦请他回藏,清廷也劝他早日回藏。火马年(1906年)四月从库伦启程,九月十三日抵达青海塔尔寺,因英国出面反对他回藏,陕甘总督升允传旨,命他暂住塔尔寺候旨。摄政向清政府提出，请求准许十三世达赖喇嘛入京陛见，面陈西藏情形。火羊年（1907年）十一月二十九日，由礼部降旨，邀请十三世达赖喇嘛到五台山朝圣，然后进京。十三世达赖喇嘛从塔尔寺启程，于次年（1908年）正月到达五台山，受到五台山僧众的隆重欢迎，驻锡于菩萨顶寺。此时德、日、美、俄、英等国特派人员到五台山"看望"十三世达赖喇嘛，多方拉拢。七月，清廷派军机大臣和山西巡抚到五台山邀请十三世达赖喇嘛进京。八月初三，他乘火车到达北京后，数次朝见慈禧太后和光绪皇帝，请求朝廷保护格鲁派和西藏众生，并要求遇事直接向皇帝上奏，无须通过驻藏大臣转奏，却被清政府拒绝。清廷为了勉励十三世达赖喇嘛，赐给金册一份，封为"诚顺赞化西天大善自在佛"，每年赏"廪饩银"一万两。十月初，光绪帝和慈禧太后相继去世，十月初九，宣统皇帝继位，十三世达赖喇嘛应邀参加了登基大典。之后他向宣统帝请求返藏，获得准许，十一月离京，十二月返回塔尔寺。土鸡年（1909年）参加塔尔寺正月祈愿法会后，在塔尔寺僧人和地方官员的护送下离开，返回西藏。

十三世达赖喇嘛回藏后，与驻藏大臣关系迅速恶化，驻藏大臣联豫电请派四川新军1000余人，由知府钟颖率领进入西藏，与西藏地方政府发生冲突。当时西藏形势比

格鲁派

较混乱,于是十三世达赖喇嘛于金狗年(1910年)二月十二日出逃印度避难。清政府宣布革去他的达赖喇嘛名号,命驻藏大臣另寻灵童代替。1911年辛亥革命后,驻防拉萨的川军自相混战,十三世达赖喇嘛下令组织军民与川军武斗,川军粮草断绝,同意缴械撤出。十三世达赖喇嘛经周旋,于水鼠年(1912年)十二月从印度返回拉萨。十三世达赖喇嘛返藏后,惩办了曾支持过驻藏大臣的贵族和寺僧,对与川军作战的有功人员进行奖赏,掌握了西藏政教大权。水鼠年(1912年)七月,他还在大吉岭时,曾主动给北洋政府批准成立的蒙藏事务局写信表示:"……去冬川省事起,藏中至今未靖,意欲维持佛教,请转呈妥商。"袁世凯见信后,即于同年10月18日颁布恢复十三世达赖喇嘛名号的命令:"……现在共和成立,五族一家,前达赖喇嘛诚心内向,从前误解自应捐释,应即复封为诚顺赞化西天大自在佛,以期维持黄教,赞翊民国,同我太平,此令。"十三世达赖喇嘛接到此令,即通过陆兴祺表示,希望北洋政府派员到大吉岭会商。

在西拉姆会议上,英国炮制了企图分裂我国西藏的所谓"协议",中国代表拒绝正式签字。而十三世达赖喇嘛本人对所谓"西拉姆会议"的条款内容起初并不了解,他曾问过别人:"为什么要在西拉姆会议上把西藏分成内藏、外藏两个部分？"当他了解了该会议的内容后，对这个丧权辱国的非法草约很是不满，认为是无效的，可以另议。他在召见参加西拉姆会议的夏扎时，严厉地训斥了他。北洋政府几次派员入藏和谈，终因英国干扰未能如愿，直到1919年，甘肃代表团李仲莲、朱绣、古浪仓等冲破阻力，抵达西藏进行和谈，受到热烈欢迎。十三世达赖喇嘛向代表团一吐衷肠："余亲英非出本心，因钦差逼迫过甚，不得已而为之。此次贵代表团来藏，余甚感激，惟望大总统从速特派全权代表解决悬案。余倾心内向，同谋五族幸福，至于'西拉姆会议草案'亦可修改。"经代表团与西藏政府几次磋商，终于1920年2月15日，在噶厦会议上达成了题为"汉藏友好·白莲盛开"的协议。此协议用汉藏两文订立，由双方官员在协议书上签字盖章，十三世达赖喇嘛还加盖了金印。

十三世达赖喇嘛自水鼠年（1912年）返藏后，为藏事而奔忙，从木虎年（1914年）起，他陆续推行"新政"措施，设立藏军司令部，举办军官训练学校，聘请英国人训练军官，设立机械加工厂、电厂，派遣留学生，建立银行、邮政，印制藏钞，在拉萨设立警察局，试种茶树等。由于这些新政措施未触动封建农奴制，收效甚微，甚至由于增加税收而引起噶厦和寺院关系的恶化。金鸡年（1921年）增

格鲁派

设军粮局,要札什伦布寺承担四分之一,引起班禅方面不满,噶厦又拘捕九世班禅的重要官员,九世班禅遂与十三世达赖喇嘛失和,于水猪年(1923年)十一月出走内地。同时,十三世达赖喇嘛还多次派罗桑丹增、顿珠旺结等到北京与中央政府联系。罗桑丹增、顿珠旺结等和其他在内地的一些人员代表西藏参加了各类政治会议,有的还进入国会参政议政。他们"表率藏人,赞助共和,洵属有功民国",受到了中央政府的嘉奖。

1928年,南京国民政府重申西藏地方为固有的领土,十三世达赖喇嘛对此异常兴奋。是年冬天,他即派驻五台山堪布罗桑巴桑通过蒙藏院,前往南京晋见蒋介石,面交十三世达赖喇嘛的亲笔信。翌年,十三世达赖喇嘛又指示驻雍和宫堪布贡觉仲尼至南京向国民政府表明"十三世达赖喇嘛并无联英之事,其与英国发生关系,不过系因藏印壤地毗连,不能不与(之)略事敷衍耳"。"十三世达赖喇嘛仇华亦属误传","十三世达赖喇嘛不亲英人,不背中央,愿迎九世班禅回藏。"金马年(1930年)正月,十三世达赖喇嘛命僧俗民众隆重迎接中央"赴藏慰问专员"贡觉仲尼。与此同时,国民政府文官处书记官刘曼卿也奉命入藏。她在拉萨停留三月,与十三世达赖喇嘛两次会晤。十三世达赖喇嘛在晤谈时提道:"英国人对吾确有诱惑之感,但吾知主权不可失。性质、习惯两不容，故彼来均与周旋，未尝予以分厘权利。""至于西康事件，请转告政府，……吾随时可以撤军，都是中国领土，何分尔我。"这些话充分表达了他对祖国的挚情，也从一个侧面回答了一些人对他亲英的指责。

金马年（1930年）三月，十三世达赖喇嘛委派贡觉仲尼为西藏地方总代表，赴南京积极筹备成立西藏驻南京办事处。该处秉承十三世达赖喇嘛的意旨，受蒙藏委员会监督指导，办理关于西藏在南京应行接洽事宜。1931年5月，国民政府召开"国民会议"，十三世达赖喇嘛表示："承认中藏一家，恢复旧制"，令贡觉仲尼为首的六名代表前往参加。同年，国民党第四次全国代表大会在南京召开，贡觉仲尼、阿旺坚赞出席了会议。会后，他们联合在南京的藏族人士组织了"康藏旅京抗日同乡会"，奋起参加抗日救亡活动。

十三世达赖喇嘛在繁忙的政教事务中，仍集中写作了经典29卷册，著名的有《佛师普觉传及建塔史略》《佛教讲论经典的解释》《在蒙古、青海、西康各大寺及拉萨祈愿法会上讲经底稿》《塔尔寺等各寺寺规·明鉴》《壁画、殿堂名门、化身名称记》等，均有刻版传世。

十三世达赖喇嘛图旦嘉措于藏历第十六饶迥之水鸡年

(1933年)十月十三日患病,三十日下午6时半,"趺坐圆寂",终年58岁。西藏地方政府为他举行了隆重的葬礼,并于1933年至1935年建造了一座与五世达赖灵塔相媲美的金质灵塔。灵塔塔高14米,形制与其他灵塔相仿,塔身用590公斤纯黄金皮包裹,錾刻各种装饰图案,镶以大量宝石,各种宝石的价格相当于黄金包皮的10倍以上。灵塔供于红宫格来顿觉殿,殿内最引人注目的供品是用2万余颗珍珠和珊瑚以金丝串缀而成的"曼札"(坛城)。十二月,国民政府鉴于他"绥安边圉,翊赞中华","卫国安民,懋著勋绩",追赠其"护国弘化普慈圆觉大师"封号。这一封号是国民政府给予他的最高评价。

罗桑却吉坚赞

——四世班禅额尔德尼

格鲁派

四世班禅罗桑却吉坚赞，意为"善慧法幢"，于藏历第十饶迥之金马年（1570年）四月十五日，出生在后藏伦热布溪卡的竹加白娃村中的一个藏医世家。父亲名叫措协·才仁班觉，母亲名叫措杰。孩子出生后，父母为他起名曲吉巴丹桑布。5岁时，安贡寺喇嘛克珠桑杰益西经多方考察，发现他灵异非凡，向其父母了解了一些有关孩子言谈举止的详细情况。父亲向调查者介绍了孩子喜欢与僧人接触，说不定以后可能出家当僧人。克珠桑杰益西回寺做了汇报。水马年（1582年）正月，其父将年仅13岁的儿子曲吉巴桑送到安贡寺出家为僧，拜克珠桑杰益西为师，并受了沙弥戒，赐法名罗桑却吉坚赞，简称罗桑却坚。自此，他开始跟随克珠桑杰益西学习。时有江孜白居寺高僧慈诚来安贡寺传法、辩经，他发现罗桑却坚虽年幼，但通晓佛典，谙熟教理，辩才过众，大为惊奇，于是请他到自己卧室，敬之以茶，赠送黄色斗篷一件，并向他求传经法。这事一下轰动了安贡寺，僧众公认他是前世安贡活佛罗桑东珠的转世。但罗桑却坚本人说自己德性不深，佛法浅薄，只是一个普通僧人，并非活佛。

水羊年（1583年）二月初三，在安贡寺为罗桑却坚举行了升法座典礼，他登上了安贡寺曲吉颇章的法台宝座，成为安贡寺活佛，是年其为14岁。火狗年（1586年）十一月初三，罗桑却坚以活佛身份赴札什伦布寺学经。在札什伦布寺修学5年，主要学习因明学、摄类学。金兔年（1591年）获札什伦布寺"然坚巴"格西学位。同年，他22岁时，由札什伦布寺第十四任法台丹曲雅佩等师为他授了比丘戒。受戒后，他闭关修习耳传密法达一月之久，获得证见之感悟。此时根本经师克珠桑杰益西（1525～1591年）圆寂。他为上师举行荐福法事49天。上师遗体被火化后，他为上师建造铜质镏金灵塔，将之奉安在安贡寺内。料理上师后事之后，从札什伦布寺赴前藏噶丹寺深造。这时，噶丹寺已成为卫藏、安多、康区、蒙古等地的格鲁派高僧、学者深造、学经、辩经的高等学府。罗桑却坚到这里后，经常与这些学者立宗辩论，对所立各种经论，对答如流，不但没有差错，而且还能指出一些学者对经论中的错误见解，使众人心悦诚服，博得了学者、高僧的钦服，

格鲁派

从此名震全藏。

土狗年（1598年），罗桑却坚离开噶丹寺返回后藏安贡寺，继任该寺法台，管理寺院政教事务，并收徒传法，讲授显密法要，同年又应岗坚曲培寺僧众的请求，兼任该寺法台，同时主持两寺的教务。金牛年（1601年），札什伦布寺第十五任法台卸任退位，寺僧请罗桑却坚接任法台，他坚辞不就。后来札什伦布寺正式派出高僧桑杰巴桑等百名代表前来安贡寺，一再坚请，他只好赴札什伦布寺出任了该寺第十六任法台。一到任，他就针对该寺经济拮据、戒律松散、寺政不景气的实际，一方面着力整顿内部，严格寺僧戒律和学修制度及行政管理；另一方面四处募化，广结施主，筹资铸造了可供2000人同时吃饭的一口大锅和三口熬茶锅及100多个铜茶壶，改善了寺僧生活条件。水兔年（1603年），在札什伦布寺兴办了正月祈愿大法会，并规定每年正月初三至十六日为会期，其内容与拉萨传召大法会相同，这样就免除了札什伦布寺僧人每年到拉萨参加传召大法会的往返辛苦。接着又扩建显宗经院大经堂里玛拉康、新建欧巴扎仓（密宗经院）和诸多佛堂，重新制作展佛节用的三幅长达30余米的堆绣佛像，新建展佛台（晒佛台）等，从而完善了札什伦布寺显密并重、先显后密的修学体系，赢得了寺僧拥戴，也提高了自己的社会声誉，客观上形成了他在后藏格鲁派中的领袖地位。

水兔年（1603年）年，罗桑却坚应三大寺敦请，赴前藏拉萨，与噶丹寺法台格敦坚赞和卸任法台协俄·桑结仁钦一起，在大昭寺为四世达赖喇嘛云丹嘉措剃发出家，并授沙弥戒。这是班禅和达赖第一次建立师徒关系，长者为师，幼者为徒，从此成为定例。在拉萨期间，他先后为四世达赖喇嘛云丹嘉措传授了很多密宗法要，并为其灌顶，师徒关系更加密切。火羊年（1607年），四世达赖喇嘛云丹嘉措在札什伦布寺住了一段时间，罗桑却坚又为他传授了一些经法。木虎年（1614年），应四世达赖喇嘛云丹嘉措之请，罗桑却坚到哲蚌寺为其授比丘戒，还传授了灌顶、经咒、教诫、随许法等，并授了金刚灌顶。火龙年（1616年）十二月二十五日,四世达赖喇嘛云丹嘉措在哲蚌寺圆寂，罗桑却坚又赶到该寺，主持超度仪式，并祈祷灵童早日转世。同年应阿里王夏仲请求，他前往阿里给夏仲授皈依戒，又去该地区的托林寺弘传宗喀巴教法，之后经哲蚌、色拉二寺之坚请，又担任了两寺的第十四、十六任法台。

当时格鲁派在西藏虽有了较大的发展，从寺院建筑规模、僧侣人数、传播区域来说超过其他一些教派，寺院政教组织趋于完善，活佛转世制度已经形成，但西藏其他几个教派，特别是噶玛噶举和枳贡噶举及控制西藏地方政权

格鲁派

的藏巴汗，对新创立的格鲁派采取仇视态度，甚至以武力压制格鲁派。他们占夺格鲁派寺院，强令僧人改宗，还损坏了三世达赖喇嘛在哲蚌寺的灵塔，不准许四世达赖喇嘛转世等。罗桑却坚就是在这种极其艰难的环境中，承担起主持格鲁派教务的重任，忍辱负重，力挽狂澜，保存和发展了格鲁派的力量，使格鲁派得以重振。他在前后藏讲经传法的同时，进行募捐化缘，筹措资金，尽快修复了被损坏的三世达赖喇嘛的灵塔，同时向受害寺庙抚以救济安慰。恰好这时藏巴汗患了重病，四处延医治疗却收效甚微，有人说罗桑却坚精通藏医，医术高明，建议请他来治疗。藏巴汗起初不愿请他，后病情严重，为了保全性命，才派人去请罗桑却坚来为自己治病。罗桑却坚顾全大局，不计前嫌，欣然应请，以精湛的医术治好了藏巴汗的病，博得了藏巴汗的感激。为报救命之恩，藏巴汗愿献一个溪卡（庄园）给札什伦布寺做酬谢，罗桑却坚坚辞不受，只提出一个要求，请藏巴汗准许寻访、认定四世达赖喇嘛云丹嘉措的转世，藏巴汗考虑许久，感到难以拒绝这个要求，方才取消以前发布的"不准达赖喇嘛转世"的禁令，许下了准许寻访五世达赖喇嘛的承诺。于是哲蚌寺公开寻访灵童，很快找到了五世达赖喇嘛罗桑嘉措。木牛年（1625年），罗桑却坚又应哲蚌寺僧众之请，到拉萨为五世达赖喇嘛剃度出家,取法名阿旺罗桑嘉措,并授了沙弥戒,使达赖喇嘛世系得以接续。这是班禅与达赖第二次建立师徒关系,他成了两世达赖喇嘛的师父。土虎年(1638年),他又为五世达赖喇嘛授了比丘戒。是年拉萨地区流行天花,罗桑却坚怕五世达赖喇嘛染上天花,亲自陪同他到噶丹康萨(热振寺后山)避居,并利用这个机会,将宗喀巴的全部著述心得传授给五世达赖喇嘛罗桑嘉措。

藏巴汗彭措南杰死后,由其儿子丹迥旺布继任藏巴汗位。丹迥旺布为了达到消灭格鲁派的目的,与四川康区白利土司结成同盟,让白利土司发兵攻打拉萨。与此同时,罗桑却坚与五世达赖喇嘛共商对策,借助蒙古和硕特部固始汗的军事力量来消灭白利土司和藏巴汗,密召固始汗发兵西藏。固始汗遂率兵先除掉了与藏巴汗关系密切的青海蒙古喀尔喀部却图汗,占领了青海全境,之后消灭了康区的白利土司,最后于水马年(1642年)兵发后藏,消灭了藏巴汗和噶玛噶举的势力,统一了西藏。固始汗成为西藏三区之王,帮助五世达赖喇嘛、四世班禅大师建立了以达赖喇嘛为首的噶丹颇章政权,从此确立了格鲁派在藏传佛教中的统治地位。紧接着罗桑却坚和五世达赖喇嘛、固始汗一起商定,为了及早与清王朝建立联系,派以伊拉固克散呼图克图和罗桑却坚的亲传弟子色钦曲杰·金巴嘉措(后

格鲁派

称车臣法王）为首的使团去东北盛京（今沈阳）一面与皇太极通好，一面弘传格鲁派教法。这次使团东北之行取得了可喜的成果，与即将建立的清王朝建立了关系。据《番僧源流考》载，皇太极降旨："班禅额尔德尼罗卜藏曲坚及达赖喇嘛阿旺罗卜藏木磋二人，不分你我，以年长者为师，每年轮班遣使来京纳贡。朕为布施主，赏给印号，钦此。"顺治帝登基后又几次遣使召请达赖喇嘛和班禅大师入京。班禅大师以年事已高为由，未能奉召，而在他的鼓励下，五世达赖喇嘛应召赴北京朝觐了顺治帝，得到了封赐，提高了格鲁派在西藏佛教界的地位，以后达赖喇嘛的转世认定必经中央批准和加封成为定制。

在这场斗争中，罗桑却坚是实际的领袖，由于达赖喇嘛年轻，他的许多重大决策，都来源于四世班禅的主张。但在公开场合，他常以"调解者"的身份出面，并且非常谦逊，从不居功。由于他的威望和功绩，木鸡年（1645年）固始汗仿照俺答汗赠给索南嘉措"达赖喇嘛"尊号的先例，敬赠罗桑却坚为"班禅博克多"尊号，同时还将后藏的数十个溪卡献给札什伦布寺，作为僧众食用的供养。"班禅博克多"尊号中的"班"为梵语，是"班智达"的简称，意为精通大小五明论的贤哲；"禅"为藏语"钦波"的简称，意为"巨大"；"博克多"是蒙古语，是对睿智英武圣明之人的称呼。自此，罗桑却坚就有了"班禅"这一名号，从此成为这一活佛转世系统的专用"尊号"，对别的佛教学者不再用这一称呼，汉文中多写作"班钦"，其实是一个意思，只不过与历辈"班禅"区别开来，不相混淆而已。自四世班禅以后，札什伦布寺的赤巴（法台）多由历代班禅担任。札什伦布寺成了历辈班禅的学术机构和行官。

藏巴汗和噶玛噶举的政权随着格鲁派噶丹颇章政权的建立而消失了，但从理论方面的反对仍未停止。当时噶玛噶举派中有个名叫扎巴喜饶仁青的学者撰写了许多著作和文章，刻印散发，从理论上系统地反对格鲁派的教法和教义，其影响很大。格鲁派的不少高僧也进行了反驳，但效果不大。四世班禅不顾古稀之年，针对其论点写成《雄辩狮子吼》一书进行有力地驳斥，使对方服输，为巩固格鲁派的政教地位扫清了舆论障碍。他还为札什伦布寺制定出300年来奉行不替的教规教法《堪佳钦木》，使札什伦布寺发展成为拥有4000僧众、显密习修齐备的格鲁派四大寺之一。

四世班禅罗桑却吉坚赞于藏历第十饶迥之水虎年（1662年）二月十三日，在札什伦布寺坚赞同布官圆寂，享寿92岁（又有一说其生卒年为1567～1662年）。札什伦布寺决定保存其肉身法体，供人瞻仰。经珍贵药物处理后，其遗体被奉安于一座特地建造的金质灵塔中，成为历辈班

格鲁派

禅的第一座灵塔。这座灵塔高11米,共耗资黄金2700余两,珊瑚、珍珠、玛瑙、松耳石等7000多颗、白银33000余两、黄铜78000斤、绸缎9000余尺。塔窗外饰以金花,塔瓶门内用5.5公斤白银和黄金塑造成四世班禅身像,作为众作积德的福田。塔内除大师遗体外,还用高僧大德的舍利子、显密经典、梵文经典、丝制释迦牟尼十二宏化图卷轴画等装藏。清康熙帝以及尼泊尔、不丹、锡金等国王均派专使来札什伦布寺致祭。

四世班禅大师不仅是一位功德卓著的宗教领袖,也是一位杰出的政治领袖。他为格鲁派的发展,为维护祖国统一,为促进汉、满、蒙古、藏各兄弟民族的友爱团结,做出了重要贡献。大师著作约计有100种左右,其中《恩萨巴等三大智者传》《四世班禅自传》《格丹怛特罗秘道传承记》以及志目、注释、驳论、寺规、仪轨等汇集5函。大师的著名弟子有:四世达赖喇嘛、五世达赖喇嘛、桑杰益西、东科尔活佛、吉雪夏茸、色钦曲杰·金巴嘉措等。

罗桑益西

——五世班禅额尔德尼

格鲁派

五世班禅罗桑益西贝桑布，意为"善慧智"，于藏历第十一饶迥之水兔年（1663年）七月十五日出生在后藏托布加溪卡的竹仓（今西藏自治区日喀则市南木林县土布加乡出仓村）地方，为竹仓族氏。父亲名夏仲索南旺扎，母亲名才丹布赤，世代信奉苯教。孩子出生不久，口中诵出"敬祈上师垂察"的祈愿之言，父母为其取名索南丹贝坚赞。3岁时，他常盘膝结跏趺坐，做诵经状，凡目睹者无不称奇。

据藏文传记载，四世班禅在圆寂之前，就对他的侍寝僧官罗桑丹增做了预言，他将会在后藏托布加地方一竹氏家族转世，到时可去那里寻访，并留下红丝绸护身吉祥结一条，希望找到后系在他的脖子上。当孩子出生后，罗桑丹增受札什伦布寺的委派来这户人家看视，向孩子的父母献上哈达、银曼札、茶等物作为贺礼。同时札什伦布寺派人到拉萨向五世达赖喇嘛请示。五世达赖喇嘛回信要他们对这个小孩妥加保护，但未肯定他就是灵童。札什伦布寺根据达赖喇嘛的指示将小孩接到托布加溪卡附近的南多颇章寺内供养。此后，札什伦布寺又先后派出三批人，携带前世班禅用过的遗物，与相似之物混放在一起，让小孩辨认，小孩毫不迟疑地将四世班禅的遗物一一捡出，无一差错。这三批代表一致认定他就是四世班禅罗桑却坚的转世灵童。罗桑丹增遂将前世班禅大师留给他的护身吉祥结系在灵童的脖颈上，然后到拉萨向五世达赖喇嘛汇报辨认遗物的经过。五世达赖喇嘛听了汇报后，即表示承认这个小孩确系四世班禅的转世灵童，并指示札什伦布寺将灵童迎接到班禅拉让，举行坐床典礼。

火羊年（1667年）十月初七，札什伦布寺襄佐彭措饶丹带领僧官等200余人，到托布加溪卡的南多颇章寺，拜见了刚满5岁的班禅灵童，十月十一日，给班禅灵童剃了发。十月十七日，班禅灵童被迎往札什伦布寺，到札什伦布寺时有僧俗万余人夹道迎接，入寺住于坚赞同布宫内。按五世达赖喇嘛来函指示，次年（1668年）正月初三，在札什伦布寺举行五世班禅坐床典礼，五世达赖喇嘛为他赐法名"罗桑益西贝桑布"，简称罗桑益西。年仅6岁的罗桑益西成为第五世班禅。同年十月，清康熙帝从京师派绛岭安青桑杰坚赞前来札什伦布寺看视五世班禅，并带来敕书和礼品,表示祝贺。坐床典礼结束后,选聘罗桑丹增为经师,始教习文字拼读和法行经文,之后教习菩提道师承祈请文胜道启蒙经文,接着教习《宗喀巴大师传》、《四世班禅文集》、藏文语法《三十颂》及《音势论》等经文和藏语文知识。金狗年(1670年),8岁的罗桑益西已到受沙弥戒的时候。于是年六月初一,罗桑益西一行从札什伦布寺启程,经羊八井于六月十四日抵达拉萨布达拉宫。次日,五世班禅正式拜五世达赖喇嘛为上师。从六月二十一日起,五世达赖喇嘛开始为罗桑益西讲授经法。八月十五日,五世班禅一行辞别五世达赖喇嘛,离开拉萨返回札什伦布寺。在经师的指导下,五世班禅勤奋学习显密经论,从12岁就开始参加学习辩经活动。

五世班禅罗桑益西生活、学经、成长时期,正是西藏局势处于动荡不安的年代,固始汗于1655年逝世后,西藏第巴移位频繁,前后由达延汗、赤列嘉措、罗桑图多、罗桑金巴等人出任第巴,执掌政权,后达赖汗又任命桑结嘉措为第巴。水狗年(1682年),五世达赖喇嘛圆寂,第巴桑结嘉措为了巩固自己的政治地位,"伪言达赖入定静修,秘不发丧"长达15年,一切事务均由他以五世达赖喇嘛的名义处理。水猪年(1683年),五世班禅已年届21岁,到了受比丘戒的年龄。札什伦布寺特派襄佐去拉萨,打算请五世达赖喇嘛授戒，第巴桑结嘉措告诉襄佐，达赖喇嘛已入定静修，从此不见任何人，也不能为班禅授比丘戒，要他们另请高僧为班禅授戒。木鼠年（1684年）十二月初八，札什伦布寺礼请本寺密宗经院堪布贡却坚赞为授戒师，在札什伦布寺的益格琼增殿内，为五世班禅授了比丘大戒。木牛年（1685年）五月，康熙帝派钦差阿吉图却吉来札什伦布寺，带来皇帝祝贺五世班禅受比丘戒的敕书和礼品。五世班禅也给康熙帝亲笔写了回信，表示感谢。同年，达赖汗和桑结嘉措也派代表前来札什伦布寺，为五世班禅受比丘戒而献礼祝贺。五世班禅也为祈祷五世达赖喇嘛"平安长住"和"众生安宁"，派代表到拉萨为三大寺僧众熬茶、布施。

火牛年（1697年）七月初四，第巴桑结嘉措给五世班禅来信，信中言说"五世达赖喇嘛已圆寂多年，我因遵奉达赖喇嘛遗嘱，秘而未宣，今已派人上京奏明皇帝达赖喇嘛圆寂以来的情况。不久五世达赖喇嘛的转世灵童将经过浪卡子宗，迎接到布达拉宫坐床"等事。这时五世班禅才知道五世达赖喇嘛早已圆寂之事。同年八月十六日，桑结嘉措又给五世班禅送来信函，邀请他于九月十七日到浪卡子宗为六世达赖喇嘛授沙弥戒。九月初八，五世班禅从札什伦布寺启程，九月初十到达浪卡子宗。西藏地方政府为

格鲁派

五世班禅举行了欢迎仪式。九月十七日,达赖灵童抵达浪卡子宗,在该宗丹增官中与五世班禅见面,五世班禅给达赖灵童送了许多金、银、绸缎等礼品,然后由五世班禅给达赖灵童剃度出家,赐法名"罗桑仁钦仓央嘉措"。二人互献礼品,表示祝贺和答谢。十月二十五日,六世达赖喇嘛仓央嘉措住进布达拉宫,举行了隆重的坐床典礼,继承了历代达赖喇嘛的法位。五世班禅返藏前,到布达拉宫与六世达赖喇嘛进行了推心置腹的谈话,他希望仓央嘉措勤奋学习显密经论,继承宗喀巴教法教义,为西藏僧俗作贡献。此时五世达赖喇嘛的灵塔在布达拉宫内已建造竣工,桑结嘉措邀请五世班禅为灵塔举行了开光仪式。十二月二十四日,五世班禅从拉萨启程返回札什伦布寺,一路上为僧俗讲经说法,摸顶赐福,于土虎年(1698年)二月安全返回札什伦布寺。

五世班禅在札什伦布寺学经、讲经之时,关于六世达赖喇嘛仓央嘉措坐床后,对佛教与众生安宁不甚关心,甚至有违犯戒律的行为等言传时有耳闻,因此他特意写信给仓央嘉措和桑结嘉措,希望六世达赖喇嘛努力钻研经典,参加辩经活动,继承五世达赖喇嘛创立的伟大事业,切勿自暴自弃。随后收到桑结嘉措的回信,大意是六世达赖喇嘛仓央嘉措在佛典的学习方面不甚用功,曾劝导过他,但未蒙采纳，还希望五世班禅以师父的身份，多去信指教，同时六世达赖喇嘛也快到20岁了，应该授比丘戒，届时请五世班禅来为他授戒。不久，五世班禅又收到六世达赖喇嘛仓央嘉措给他的密信，信中说他生性不喜欢参加与僧众辩论经典，关于和五世班禅会晤一事，他表示愿意，但不愿受比丘戒。五世班禅阅信后，表现出不悦之色，因此放弃了去拉萨与六世达赖喇嘛会晤的打算。水马年（1702年）六月二十日，六世达赖喇嘛仓央嘉措从拉萨来到后藏札什伦布寺，札什伦布寺僧众设站迎接，日喀则僧众几万人载歌载舞做了隆重的欢迎仪式；仓央嘉措在札什伦布寺住在坚赞同布宫内。五世班禅为了提高六世达赖喇嘛在僧众中的威望，让他为札什伦布寺僧众讲一次经，六世达赖喇嘛仓央嘉措没有同意；后来劝他受比丘戒，又没有答应。过了几天，六世达赖喇嘛仓央嘉措在札什伦布寺日光殿为五世班禅磕了三个头，请五世班禅原谅他，不要生气，然后离开札什伦布寺返回拉萨。这是六世达赖喇嘛与五世班禅的最后一次会面。

此时达赖汗已逝世，由其子拉藏汗继任汗位。拉藏汗继位后，为了争夺权力，和第巴桑结嘉措发生了激烈的矛盾，并愈演愈烈，竟达到了兵戎相见的地步。以拉藏汗为首的蒙古和硕特部与准噶尔部，与清王朝和六世达赖喇嘛、第

格鲁派

巴桑结嘉措之间形成了错综复杂的关系。而五世班禅诚心倾向清王朝，站在中间进行斡旋调解，希望宁息战事，达成和解。正在这时，康熙帝派益西格隆、保雪科等60余人前来札什伦布寺，带来康熙帝给五世班禅的两封信，一封是通知五世班禅，清政府已册封第巴桑结嘉措为"弘宣佛法王"，另一封信是向五世班禅问安。来使在会见时，向五世班禅传达皇帝希望与五世班禅会面一次，五世班禅能否前往京城一行的口信。五世班禅回答他现在没有出过天花，每日闭关静修，不宜远行，等出了天花，立即赴京陛见。康熙帝明智地意识到当时全国只有蒙古和西藏地区不甚安定，且达赖喇嘛和班禅两大活佛对西藏和蒙古影响巨大，欲以达赖和班禅在藏族和蒙古族中的崇高威信来安抚西藏和蒙古，以达到巩固政权、国家统一、人民安居乐业的目的。五世达赖喇嘛在顺治时已赴京通好，建立关系。康熙帝先后于1693年、1695年、1696年、1698年四次遣使带着敕书和重礼，召请五世班禅赴京会谈。五世班禅也愿意赴京朝觐皇帝，与朝廷建立更密切的关系，但几次受到第巴桑结嘉措的暗示，故而只好以未出天花，不宜远行为由，婉言谢绝。五世班禅赴京的心愿未能实现，这对清廷和五世班禅来说都是一件十分遗憾之事。

木鸡年（1705年），第巴桑结嘉措以重金买通拉藏汗府的内侍，在拉藏汗的饮食中投毒，被拉藏汗发觉，于是双方发生战争，最后第巴桑结嘉措被拉藏汗所杀。

拉藏汗杀了第巴桑结嘉措后，即派使者前去京师，向康熙帝奏报西藏情况，并奏称第巴桑结嘉措所立的六世达赖喇嘛仓央嘉措是"假达赖"，请求予以"废黜"，康熙帝派使去西藏表示支持拉藏汗。然而，关于"废黜"六世达赖喇嘛仓央嘉措一事，在西藏佛教界引起很大震动，尤其是拉萨三大寺反对更加强烈。拉藏汗也担心出事，派人到札什伦布寺，征求五世班禅的意见，五世班禅没有明确表态，建议由拉藏汗与三大寺降神问卜，后来降神问卜均无结果，拉藏汗又从亲属中另选一"灵童"，请五世班禅为"灵童"剃发授戒。五世班禅出于无奈，只好到布达拉宫为"灵童"剃度出家，并授了沙弥戒，赐法名"伊喜嘉措贝桑布"，简称伊喜嘉措。拉藏汗为了酬谢五世班禅对他的支持，又给札什伦布寺赠送了后藏地区的许多溪卡（庄园）。金虎年（1710年），康熙帝根据拉藏汗等人的建议，册封伊喜嘉措为"六世达赖喇嘛"，并"给以印册"。但西藏广大僧俗一直没有承认，反对"废黜"仓央嘉措、另立伊喜嘉措的呼声越来越强烈。当时康熙帝也深感西藏局势不稳，拉藏汗拥立的"达赖"不得人心，为了安定西藏政治局面，康熙帝把注意力集中到五世班禅身上，于水蛇年（1713年），

格鲁派

册封五世班禅为"班禅额尔德尼",赐金册一份,金印一颗,印面汉、满、藏三种文体对照,文曰:"敕封班禅额尔德尼印。"从此"额尔德尼"开始正式成为历辈班禅的封号,已故四位班禅的法号前皆冠上此封号。据藏文传记载:"圣旨"的大意是"班禅历世弘扬佛法、广惠众生,朕亦尊崇佛教,为众生谋利益,与尔宗旨相同,为了表示对尔之敬重,特册封尔为班禅额尔德尼,并赐尔满、汉、藏文之金册一份、金印一颗"。

木羊年(1715年),青海蒙古诸台吉和格鲁派上层人士,包括拉萨三大寺的高僧和活佛,从四川理塘找到了六世达赖喇嘛的转世灵童噶桑嘉措,一面奏请朝廷,一面派人将达赖灵童接到青海避居。康熙帝为了缓和青海诸台吉之间的矛盾,也为了噶桑嘉措的安全,下旨将达赖灵童接到青海塔尔寺供养。火猴年(1716年),青海诸台吉和东科尔活佛奉旨将噶桑嘉措从青海湖一带迎至塔尔寺居住。火鸡年(1717年),蒙古准噶尔部策旺阿拉布坦派兵侵扰西藏,拉藏汗兵败后被擒杀,他所拥立的伊喜嘉措也被废黜,并被软禁在拉萨药王山。准噶尔占领西藏后,五世班禅始终以调解者的身份出现,未与准噶尔人采取敌对态度,故准噶尔部对五世班禅也很尊重。准噶尔部侵占拉萨后,将三大寺的金银财物抢掠一空,全部运往新疆,但对札什伦布寺的财物，分毫未动。这时清廷接到奏报后，派兵分三路进藏几次围剿准噶尔部。金鼠年（1720年），清廷派兵护送噶桑嘉措入藏坐床。十月邀请五世班禅来拉萨为七世达赖喇嘛授沙弥戒。十一月初五，在布达拉宫日光殿，五世班禅为七世达赖喇嘛授沙弥戒，赐法名罗桑噶桑嘉措，简称噶桑嘉措。火马年（1726年）四月初九，五世班禅再次被邀请来拉萨大昭寺，为七世达赖喇嘛授了比丘戒，后返回布达拉宫住了一个月，每天为七世达赖喇嘛讲经传法。土猴年（1728年），颇罗鼐受封总理全藏事务后，时常向五世班禅求教政教事务，五世班禅积极配合颇罗鼐，稳定社会、发展生产，使西藏人民得以休养生息，医治战争创伤，特别是协助颇罗鼐结束了与不丹长达75年之久的纷争，妥善解决了西藏与尼泊尔、锡金、拉达克的关系，遂倍受清政府称赞。同时，五世班禅对西藏内部的团结极为重视，且用心良苦。土猴年（1728年），清军入藏平息了阿尔布巴之乱后，九月钦差副都统马喇邀集七世达赖喇嘛、五世班禅及西藏僧俗官员于布达拉宫，宣读雍正帝圣旨，圣旨大意为将原属噶厦管辖的岗巴拉山以西、冈底斯山以东全部后藏及阿里地区，赏赐给五世班禅管辖。五世班禅当即表示，这是皇帝的大恩，但自己乃出家之人，且已年迈，没有精力替皇帝办很多事情，同时札什伦布寺已有很多庄

格鲁派

园和百姓，其收入足够全寺僧人食用，不愿接受新赐土地，请钦差转奏皇帝收回成命。后在查朗阿和马喇的一再坚持下，勉强答应收下后藏拉孜、昂仁、彭措林、宗噶、吉隆5个宗和阿里地区，调换了日喀则附近的几个小庄园，实际只接受了3个宗，从而维护了达赖喇嘛、班禅之间的团结。从此，西藏形成了两个地方政权，一是以达赖喇嘛为首的西藏地方政府，一是以班禅额尔德尼为首的札什伦布寺堪布厅，两者互不统属，都归清政府的领导，受驻藏大臣监督。木兔年（1735年），七世达赖喇嘛从四川泰宁寺返回拉萨后，专程赴札什伦布寺拜会五世班禅，并长住札什伦布寺近一个月，师徒二人相处亲密无间。

五世班禅罗桑益西于藏历第十二饶迥之火蛇年（1737年）七月始，病情日益恶化，延至八月初五，遂示现圆寂，享年75岁。乾隆帝接到驻藏大臣报告后，即派人送来御赐好香10把、50两重的黄金曼札1具、羊脂玉瓶1个、羊脂玉盘1个、52两重的白银盘1个，绸缎9匹及其他物品，作为祭礼。

五世班禅遗体经药物处理后，存放在银制灵塔中，安放于札什伦布寺。1985年经国家批准并拨专款，由十世班禅大师亲自主持，修建了五世至九世班禅的合葬灵塔及祀殿——班禅东陵扎什南捷，1988年12月竣工。1989年元月22日举行了盛大开光仪式。殿内的合葬灵塔高11.52米，塔身以镀金银皮包裹，镶嵌珍珠、玛瑙、玉石等宝石，五世至九世班禅遗骨分装在五个檀香木匣内，安放在灵塔的宝瓶里，并按佛教传统方式进行装藏。

五世班禅的著作有《菩提道次第捷径面授法》《自传》《菩提道次第上师传承传记·白莲鬘》《罗桑却吉坚赞传记》等24卷册。他先后收徒3万余众，给13893人授沙弥戒、13380人授比丘戒。

罗桑却吉尼玛

——九世班禅额尔德尼

九世班禅罗桑却吉尼玛,意为"善慧法日",于藏历第十五饶迥之水羊年(1883年)正月十二日出生在前藏塔布地区噶厦村。父名丹正,母名丹曲措姆,是个哑巴。据传八世班禅的母亲口齿伶俐,能言会道,常干预政教事务,八世班禅曾祈祷说,下一世的母亲应沉默寡言,所以九世班禅的母亲是个哑巴。其家庭十分贫苦,母亲丹曲措姆给一家贵族放牧。父母给他取名伦珠嘉措,他的一个弟弟也出家当了僧人。

八世班禅丹白旺秀圆寂后,札什伦布寺依照传统仪轨寻访、挑选出三位灵童,奏请清政府批准掣签。土鼠年(1888年)正月十五日,三位候选灵童被送到布达拉宫,在皇帝牌位前举行掣签仪式,结果噶厦村的灵童伦珠嘉措被掣定为八世班禅的转世。次日(正月十六日),由十三世达赖喇嘛图旦嘉措为九世班禅灵童披剃落发,赐法名"吉

格鲁派

尊·罗桑却吉尼玛格勒朗杰贝桑布",简称却吉尼玛,被迎回札什伦布寺贡曲林夏宫供养。后经光绪帝批准,于水龙年(1892年)正月初三,由驻藏大臣升泰主持,在札什伦布寺举行隆重坐床典礼,继承班禅法统,正式成为九世班禅额尔德尼。由于当时十三世达赖尚未受比丘戒,因此,由摄政第穆呼图克图为九世班禅授了沙弥戒。此时,他父亲下落不明,弟弟出了家,母亲也出家当了尼姑,光绪帝按旧例只有封他的外祖父为辅国公。为祝贺九世班禅坐床庆典及受沙弥戒仪式,清政府拨银一万两作为庆典仪式之费用。九世班禅坐床后,特派堪布罗桑云丹前往北京,向慈禧太后和光绪帝谢恩。水虎年(1902年)四月十五日,年已19岁的九世班禅从札什伦布寺来到拉萨。经请求,由十三世达赖喇嘛任亲教师,在大昭寺释迦牟尼佛像前为九世班禅罗桑却吉尼玛授了比丘戒。

九世班禅自迎入札什伦布寺以后,拜洛桑丹增旺加为经师,初学文字拼写及短篇经文,后来逐渐涉及灌顶、随许、教诫等经论。受比丘戒后,他从师始学五部大论及密宗经论,皆融会贯通,成为精通显宗诸论的学者,尤精于时轮学说。

九世班禅却吉尼玛的青少年时期,正是英帝国主义向西藏地区进行军事侵略时期,也是西藏僧俗人民坚决进行英勇的抗英战争时期。土鼠年(1888年),英国向西藏发动了第一次侵略战争。西藏地方政府为阻止其入侵而在隆土山与锡金接壤处构筑了一道防线，不准英人逾越。英方诡称超越了边境，限令于1888年前撤回防线，西藏地方政府坚决反对。为表西藏僧俗的抗英决心，当时拉萨三大寺、札什伦布寺以及西藏地方政府七品官以上的全体人员，向驻藏大臣上了一道公禀，声明"纵有男尽女绝之忧，惟当复仇抵御，永远力阻，别无所思"。当时由于清政府采用屈服政策，命令驻藏大臣文硕通知西藏噶厦、三大寺和札什伦布寺，要他们接受英方的无理要求，撤出在隆土山口的防线。三大寺、札什伦布寺和西藏地方政府全体官兵拒绝执行这种丧权辱国的命令，当年三月二十日英军向隆土山防线发动进攻。虽然西藏地方进行了英勇抵抗，但损失惨重，更是由于装备悬殊，终于防线被英军占领。木龙年（1904年），英军发动了第二次侵略西藏的战争，西藏地方政府又组织武装反击，这就是有名的西藏江孜保卫战。西藏军民进行了气壮山河的保卫战，但终因装备过差等原因而失败。在两次反侵略战争中，十三世达赖喇嘛和九世班禅采取了完全一致的立场，他们高举反帝爱国旗帜，率领西藏僧俗百姓，英勇抗击侵略者，但因敌我力量悬殊，加之清政府采取妥协政策，致使西藏人民的两次抗英战争均遭失败。后来英军终于占领了拉萨，声称要与十三世达赖喇嘛谈判。三大寺上层及僧俗官员怕谈判不成功会对十三世达赖喇嘛造成伤害，故再三劝请十三世达赖喇嘛离开拉萨，因此，十三世达赖喇嘛经青海、内蒙古，到达外蒙古库伦。

当西藏僧俗在前线浴血奋战时，清政府却不发一兵一卒援助，驻藏大臣有泰躲在拉萨的衙门内袖手旁观。英军占领拉萨后，对无辜的僧俗百姓实行血腥屠杀时，有泰竟然到英军营地进行"慰问"。英军司令荣赫鹏起草严重损害中国主权的《拉萨条约》，用刺刀逼迫代理摄政在条约上签字时，有泰作为朝廷的封疆大吏，竟然以"中间人"的身份自居，从中斡旋，劝说摄政签字，并以若不签字，英军将会血洗拉萨相威胁。在签订丧权辱国的《拉萨条约》之后，有泰竟通过英军电台，向清廷发了一份"弹劾"十三世达赖喇嘛的奏折，内称：达赖喇嘛"平日跋扈妄为，临时潜逃无踪，请褫革达赖喇嘛名号"，并"请旨饬令班禅暂来前藏，主持黄教，兼办交涉事务"。有泰的奏折很快得到批准。但是九世班禅是一位很有政治远见的人，他为了顾全大局，维护西藏地方内部的团结，委婉地以"后藏为紧急之区，地方公事须人料理，且后藏距江孜仅两日里程，英人出没无常，尤宜严密防范，若分身前往前藏，恐有顾此失彼之虞"为由，拒绝了清廷要他前去代理达赖喇嘛职权的要求。

木蛇年（1905年）九月，英国趁十三世达赖喇嘛出走之机，命令驻江孜英军大佐鄂康诺率英军50余人，突然到达日喀则，以辞行为由，提出英太子要见九世班禅一面，请九世班禅于十月束装往印。九世班禅大师以去印度不难，但须禀陈钦宪，奏知大皇帝殊批照准，方可启程，否则难以从命等由，再三拒绝，但鄂康诺以若拒绝赴印，即"英藏失和"，将重新开战相威胁，"挟制"九世班禅于十月十二日去印度。在印度期间，九世班禅只参加佛事活动，从不谈论政治，佛事结束后即于十二月初返藏。对于九世班禅这次赴印之事，众说不一，但从当时清朝驻印的高级官员张荫棠（后任钦差大臣到过西藏）给朝廷的一封奏折中可以说明事实真相。奏折中说：九世班禅赴印，"其端发自英员引克纳希图（即鄂康诺）邀功，该英员虚声恫吓，挟制班禅偕伴起行，途中不离左右，防闲甚严。见英储（英国太子）时，欲使班禅跪拜，班禅不从，与之对抗，未稍屈节，英人亦无可奈何。班禅与英储、印督会晤，问答之词均系酬应，未尝一言提及藏事。英人无机可乘，其谋不遂，仍令送还"。

土鸡年（1909年）十月三十日，十三世达赖喇嘛在北京参加了宣统皇帝登基大典后返回拉萨，同驻藏大臣发生尖锐矛盾，关系恶化，清廷派2000多名川军入藏，十三世达赖喇嘛唯恐遭暗算，又不得不出走印度。清廷没有弄清事情的真相，偏信一面之词，认为十三世达赖喇嘛有"叛离"之心，再次下令革除十三世达赖喇嘛名号，并寻找新的灵童。这时，清廷又要九世班禅暂摄藏事，九世班禅依然坚辞不从，同时写信给十三世达赖喇嘛，请十三世达赖喇嘛早日返藏，"总理政教事务"。十三世达赖喇嘛也回函于九世班禅，请他多关照西藏政教事务。两位大活佛心心相印，始终保持着密切联系。

1911年辛亥革命成功，驻藏清军发生内讧。1912年7月，临时大总统袁世凯任命钟颖为驻藏办事长官，10月，袁世凯发布命令，恢复十三世达赖喇嘛名号，同时册封九世班禅大师。同年藏历十二月底十三世达赖喇嘛从印度返回拉萨，掌管了西藏地方政权。

英国侵略者企图拉拢九世班禅的阴谋未能得逞后，转而又拉拢十三世达赖喇嘛，挑拨十三世达赖喇嘛与九世班禅大师之间的关系。十三世达赖喇嘛从印度返藏后，对九世班禅所属辖区加重税收，强迫纳税和支派乌拉，又在日喀则增设基宗（后藏总管），强行接管札什伦布寺所属庄园牧场，还将军费的四分之一强迫札什伦布寺负担。水猪年（1923年），札什伦布寺主要官员找噶厦交涉，他们一到拉萨就被逮捕入狱。这样，一方抵制，一方强征，以致造成双方势成水火。九世班禅看到不仅自己的固有地位与职权无法保持，就连生命也有危险，遂于水猪年（1923年）十一月十五日夜，带领僧侣15人，秘密离开札什伦布寺，出走祖国内地。

九世班禅一行从后藏进入青海境内后，虽脱离了被捕遣返的险境，却又陷入了因粮食缺乏而面临饿死的困境。他们仓促出走时，只带足了金银以充路费，却未能带足口粮。当进入荒无人烟的柴达木盆地时，他们因买不到任何食物，且又都受了禁止杀生戒，不会打猎，所以只有坐困沙碛。正在绝望之际，偶然遇到外蒙古哲布尊丹巴的经师柯珠堪布和司膳堪布罗桑图旦一行，他们带有大批骆驼，载着充足的食物，由西藏返回外蒙古。这一巧遇使九世班禅一行脱离了断粮的绝境，和他们一起走出沙漠。木鼠年（1924年）三月，九世班禅一行到达甘肃西部的安西县，受到安西县县长的热情接待。安西县县长也立即电告兰州督军陆洪涛，陆又立即报告了北京北洋政府大总统曹锟。北洋政府得到九世班禅一行到达甘肃的消息后，召开专门会议研究了接待事宜，决定按前清高宗乾隆皇帝接待六世班禅的先例和规格，隆重迎接九世班禅到京。是年五月，九世班禅获总统曹锟颁赐的"致忠阐化"封号。此后，九世班禅经西安抵达山西太原，又于木牛年（1925年）二月初二离开太原到达北京。抵达北京时，来车站迎接的有执政段祺瑞的代表、蒙藏院官员、雍和宫喇嘛、军民共10万余人。九世班禅行辕设在中南海的瀛台。到京后，内外蒙古的王公和僧俗群众前来膜拜者络绎不绝，达数十万之多。此后，"班禅行辕"便成了九世班禅的最高政教机构，以后又陆续成立班禅驻青海、驻四川、驻奉天（沈阳）、驻绥远（呼和浩特）以至驻印度办事处。八月初一，段祺瑞命内务总长龚心湛为册封正使，蒙藏院总裁贡桑诺尔布为册封副使，持金册、金印赴瀛台，颁给九世班禅"宣诚济世"的封号。

这时国内军阀之间又发生内战，九世班禅乃应东部蒙古王公之请，离开北京，移居沈阳黄寺。火兔年（1927年）六月，九世班禅应那木济勒色楞（即达尔罕旗亲王）之邀请，来到科尔沁左翼中旗唐嘎日根庙讲经。后又应该旗温都尔王央桑扎布之请，到慧丰寺（玛拉沁端）驻锡。土龙年（1928年）四月，由央桑扎布为施主，在玛拉沁庙举行了来内地后的第一次时轮金刚大法会，为僧俗大众授时轮大灌顶。参加法会的蒙古族群众达17万余人，供奉的金、银、驼、马、牛、羊无数。九世班禅大师的光临，成为当时一大盛事，轰动了东部蒙古。此后，他周游内蒙古各旗唪经宣化达8年之久。

土龙年（1928年）初，南京国民政府派人来慰问九世班禅，并征询治藏意见。九世班禅当即表示拥护国民政府，并成立班禅驻南京办事处。同年七月，又有东部蒙古十旗王公为施主，先到图什业图旗讲经，后到札萨克图旗，九世班禅在阿布寺举行了第二次时轮金刚大法会，参加法会的蒙古旗群众约84000余人。土蛇年（1929年）四月十五日，九世班禅应内蒙古锡林郭勒盟索王和十旗王公之请，由他们任施主，在锡林郭勒盟贝子庙举行了第三次时轮金刚大法会，参加法会的蒙古族群众约10万人，会后九世班禅又到各寺讲经说法。九月，张学良派李少白率汽车15辆，迎接九世班禅返回沈阳，仍住黄寺行辕。之后，他从沈阳返回内蒙古，到昭乌达盟阿鲁科尔沁旗、克什克腾旗等各旗寺庙哞诵经法。金马年（1930年）八月，九世班禅在西乌珠穆沁旗举行了第四次时轮金刚大法会，参加法会的蒙古族群众约5万余人。金羊年（1931年）五月，九世班禅前往南京参加国民会议。1931年7月1日，国民政府册封九世班禅为"护国宣化广慧大师"，颁给玉册、玉印，并定年俸12万元。7月8日，九世班禅离开南京，返回东北，前往东蒙古呼伦贝尔地区，驻于海拉尔呼伦贝尔副都统衙门，继续为当地蒙古族群众讲经、摸顶。"九一八事变"发生后，日本侵占了东北，九世班禅恐被日本人扣留，很快从海拉尔经外蒙古到内蒙古之东乌珠穆沁旗。这时欲

格鲁派

搞"蒙古高度自治"的德王与盟长索王等一些蒙古上层人士商议，联合各旗集资在蒙地为九世班禅修建寺院，请九世班禅留在内蒙古，做这里的宗教领袖，形成信仰中心。后因哲里木盟已经沦陷于日军，遂将各旗集资的10万余元，在苏尼特右旗和乌珠穆沁右旗为九世班禅建庙二所。金羊年（1931年），德王请九世班禅到苏尼特右旗过冬。水猴年（1932年）三月，九世班禅应云王之请，前往达尔罕旗贝勒庙（即百灵庙），同时决定在绥远（今呼和浩特）设立班禅驻绥远办事处。九世班禅又从百灵庙向全国发出通电，严正声讨日本帝国主义对我国的侵略行为。七月，由云王及各旗王公为施主，九世班禅在百灵庙举行了第五次时轮金刚大法会，参加法会的蒙古族群众约37000余人，共讲经5天，这是九世班禅在内蒙古地区举行的最后一次时轮金刚大法会。十月，九世班禅又应段祺瑞之请到北平，由段祺瑞、吴佩孚、朱庆澜等人为施主，于十月二十二日在故宫太和殿举行了第六次时轮金刚法会，参加法会的各族信民共10万人。十一月，国民政府蒙藏委员会委员长石青阳特派委员李培天等人来北平，敦请九世班禅前往南京，林森以国民政府主席名义任命九世班禅为"西陲宣化使"，并在国民政府礼堂举行就职典礼。水鸡年（1933年）二月，九世班禅从南京经北平返回达尔罕旗百灵庙。春夏间，九世班禅以"西陲宣化使"身份在内蒙古各地巡游讲经，向分裂蒙古的德王做宣化工作，要德王"做事应加审慎，先派代表向中央商承一切，以免为国外利用"，并派人向蒋介石报告内蒙古形势危急。蒋介石派人前来内蒙古了解情况，同德王等人进行商谈。

水鸡年（1933年）十月三十日，十三世达赖喇嘛圆寂，九世班禅听到这个消息后，十分哀痛，并通知藏传佛教各寺庙僧人一律虔诵经文，追荐法事，祈祷呼毕勒罕（即灵童）早日转世。九世班禅捐大洋73200元，供西藏、青海、康区、内蒙古各寺庙诵经追荐，并应国民政府之请到南京参加各界追悼十三世达赖喇嘛的各项活动。木狗年（1934年）正月，国民政府选任九世班禅为国民政府委员，并举行就职典礼。同年三月，杭州灵隐寺的5位僧人代表5000余善男信女，前来南京，邀请九世班禅到杭州主持法会。九世班禅于四月到达杭州，在灵隐寺举行了第七次时轮金刚大法会，参加法会的僧俗约7万余人。法会完毕后，九世班禅应上海市菩提学会的邀请，到该学会为信徒信民讲经说法，还被菩提会聘为会长。藏传佛教在上海市广大信民中有了广泛的影响。后离开上海，到北平、包头、五当召、杭锦旗等地讲经说法，为僧俗百姓，甚至政府官员摸顶赐福。

木猪年（1935年）二月，九世班禅一行抵达阿拉善旗

格鲁派

定远营,行辕设在达理札雅亲王府。他在这里宣布成立了西陲宣化使公署,做回藏准备;四月,经宁夏飞抵兰州;五月十二日飞抵西宁;十五日抵达塔尔寺,受到寺僧的热烈欢迎,驻锡于拉让吉祥新宫(班禅行宫)。八月至九月,他在塔尔寺举行了第八次时轮金刚大法会,青海蒙藏各族僧俗群众约5万多人参加了法会,并指示寺院在寺的四周建4座时轮塔。九世班禅在大金瓦殿献千供,又赐银圆一万枚,金箔(叶子金)万余张,彩绘大金瓦殿,制作缎制堆绣大佛,另外献给寺院银灯、佛像、金汁书写《般若八千颂》、金银制造的大小佛塔30座,将日本信士雨田赠给他的一辆铁制东洋轿车复献给塔尔寺,还为从南方来塔尔寺学习藏语、藏文和藏密的心道法师传授密法,并赐给法师"丹巴增贝堪布佛"(意为持佛教堪布)名号,赐藏传佛教堪布袈裟一套。此时,西藏摄政热振呼图克图派代表6人,后藏代表300余人,到青海塔尔寺欢迎九世班禅回藏。火鼠年(1936年)六月,九世班禅一行离开塔尔寺,先应嘉木样活佛之请,赴甘南拉卜楞寺,该寺僧众举行了盛大欢迎仪式,是年七月举行了第九次时轮金刚大法会,这是九世班禅一生举行的最后一次时轮金刚大法会。在拉卜楞寺传法期间,九世班禅大师与十世班禅的生父古公才旦相逢,九世班禅将一尊几厘米高的无量光佛镏金铜像赠送给了古公才旦，结下了法缘。

火鼠年（1936年）十二月十八日，九世班禅到达青海玉树，驻锡于萨迦派的结古寺，有的史料中称驻锡于玉树寺甲拉颇章宫。当时，英帝国主义公然干涉我国内政和西藏的宗教事务，提出：英国对九世班禅回藏带仪仗队不能同意。噶厦政府也正式通知九世班禅，"勿带蒙汉官兵入藏"。以蒋介石为代表的国民政府为了迎合英政府，因而也改变了态度，由支持早日回藏，改变为暂缓回藏。故九世班禅一行被滞留在玉树结古寺。不久抗日战争爆发，日军已侵占北平、天津、上海等大片国土，形势日趋严重。远在玉树地区的九世班禅，对全民族的抗战事业极为关心，从自己有限的经费中捐献3万元，认购公债2万元，并动员行辕全体僧俗官员，节衣缩食，踊跃捐款，慰劳前线将士，救济后方伤病员及难民。

九世班禅由于久经风霜，且返藏受阻，致忧愤成疾，病体日重，医治无效，于藏历第十六饶迥之火牛年（1937年）十二月初一，圆寂于玉树结古寺，终年54岁。国民政府于1937年12月23日，追封九世班禅为"护国宣化广慧圆觉大师"，并颁给九世班禅大师"护国宣化广慧圆觉大师"金印，派特使戴传贤致祭，赠治丧费一万银圆。金蛇年（1941年）大师法体被迎至札什伦布寺，在所建造的灵塔中供养。

格鲁派

青海塔尔寺亦造九世班禅灵塔,供奉在大金瓦殿内,在遍知殿外法轮亭旁竖立有灵塔志碑。九世班禅遗骨后奉安于班禅东陵扎什南捷灵塔殿内的合葬灵塔中。

大慈法王释迦益西
——色拉寺创建者

格鲁派

　　大慈法王释迦益西，意为"释迦智"，是宗喀巴大师的高足弟子，藏传佛教格鲁派兴起时期的重要人物，为西藏拉萨三大寺之一色拉寺（全称色拉图钦林寺）的创建者。他于藏历第六饶迥之木马年（1354年）五月初一，生于拉萨以东采贡塘地方采巴官人家族中。孩提时代，他就具有清晰地记起前世许多事情的慧悟功能；幼年出家为僧，取法号释迦益西，在《明史》等汉文史料中也译为"释迦也失"。最初，他担任宗喀巴大师的司膳，视宗喀巴如佛，对上师意乐加行——律仪、显密二宗博闻强记。宗喀巴大师在色拉后山的修行室静修时，释迦益西服侍宗喀巴大师，故而近水楼台先得月，皆能听闻到大师所说一切经法。此时，释迦益西虽不能说是佛法精深，但已现慧瓶满注之相。

　　土鼠年（1408年），永乐帝遣金册使者赴藏召请宗喀巴大师进京。宗喀巴以两个理由推辞，一是他身患微疾不宜远行，二是为1409年正月举行神变祈愿大法会而做准备工作，故不能赴京朝觐。使者只得请求能否派一位佛法功德与大师一样的高僧进京。他答应祈愿法会后一定派一位学者前往，就这样将金册使者一行打发走了。木马年（1414年）十二月，永乐帝又遣使来请，旨曰："诚如所述，法王不能亲临，但需请一位与法王无别之国师光临。"宗喀巴大师年事已高不宜远行，遂从众多弟子中选派释迦益西代表他赴京朝见皇帝，弘传佛法。

释迦益西遵师命带领几位学识较高的弟子和使臣一起从拉萨启程，经山南、四川理塘前往南京。释迦益西不但佛学造诣高深，还擅长医道和幻变神通。到达南京时，正值永乐帝身染重病，他首先施展幻变神通，在京城下了一场大雪，之后用医术治疗，并施以灌顶，永乐帝随即痊愈。永乐帝对释迦益西十分敬信，奉为应供上师，并让他在京城弘传宗喀巴的精要教法、设立坛场，做盛大祭供仪式。释迦益西遂从木羊年（1415年）新春伊始，分别设立金刚密集、喜金刚、胜乐金刚和大威德金刚、药师佛等几个不同坛城，进行长达3个月的修供仪式。修供期间，永乐帝梦见诸佛会聚于海音寺上空的祥云中，释迦益西也几次见到本尊神在坛城显现。因此，永乐帝对释迦益西更加崇信，御赐他镶有金法轮的金印一枚及其他礼品，以示颂扬。释

格鲁派

迦益西为祝愿皇帝万寿无疆,将灌顶瓶置于皇帝的顶髻,做长寿随许法和德洛巴胜乐灌顶。此时,在场的近侍臣及内眷都亲眼见到灌顶瓶内甘露满溢而出,连永乐帝也惊叹不已。灌顶后,永乐帝又赐给他金银珠宝镶嵌的宝座1把、椅子7把、靠背黄缎软垫1套及其他许多财物,作为灌顶的酬谢。期间从水路乘船至北京,又从北京前往离北京不远的汉族地区和蒙古族地区讲经说法,并为从各地来拜见他的喇嘛、僧官、住持和信徒,根据每个人的法缘进行传法,使其心满意足。因此,释迦益西得到了许多信徒的供养。后赴五台山朝圣,他用供养的财物,在五台山修建了6座藏传佛教殿堂。之后返回北京后兴建了法渊寺,并在诸寺之中,广衍格鲁派修行之法。释迦益西从北京返回南京后的同年四月,永乐帝敕封他为"妙觉圆通慧慈普应辅国显教灌顶弘善西天佛子大国师",赐给印诰。火猴年(1416年),释迦益西返藏前,永乐帝不仅赐给他佛像、佛经、佛塔、法器、袈裟、禅衣、蟒缎以及绒锦彩币等许多礼品,还亲自做了赞词送给他。这是格鲁派和明王朝第一次建立关系。

释迦益西一行从四川返藏后,到色拉后山的静房中谒见宗喀巴上师,给大师敬献皇帝御赐的缂丝十六罗汉像、镶有宝石的金、银曼札各一具,各色绸缎多匹,作为上师的寿礼。他还为以噶丹寺为首的几座佛寺的僧众熬斋茶、放布施。此时，大师命他在色拉建立僧人修学佛法的道场。色拉在拉萨北郊的山脚下，据说以前这里是一片茂密的野蔷薇，因野蔷薇在藏语中称"色拉"，遂以"色拉"为地名。土猪年（1419年），释迦益西奉宗喀巴大师之命，开始筹建寺院。动工前，宗喀巴对寺院布局做了指示。此后，释迦益西由内乌德巴任施主，加上从京城带来的许多财物，逐步建成了一座规模较大的寺院，并以色拉地名取寺名，全称为"色拉图钦林"，意为"色拉大乘洲"或"色拉大乘寺"，简称色拉寺。它和噶丹寺、哲蚌寺合称拉萨三大寺。

在色拉寺，释迦益西按宗喀巴大师之意愿修建了修学密宗的居巴扎仓，也叫欧巴扎仓，汉语称为密宗经院，以及修学显宗的杰巴扎仓和麦巴扎仓。经堂和佛殿内塑造殊胜十六罗汉金身，其内装藏物品为从内地迎请来的白旃檀雕刻的十六罗汉像和内地和尚雕像及许多经卷等。他从京城迎请的金汁书写《甘珠尔》大藏经、御赐缂丝十六罗汉等也供于寺内。寺院建成后，他自己任首任法台，治理寺院教务。1419年秋季，宗喀巴大师应请从噶丹寺到哲蚌寺为僧众讲经说法，又应释迦益西之请到色拉寺为僧众讲经传法，同时在这里以选喜饶僧格为他的密宗继承师，继承他的密宗大法，然后返回噶丹寺。

释迦益西回藏后一直同明朝中央政府保持密切联系，

格鲁派

双方常派贡使往返于途,明朝皇帝也照例给予优渥的赏赐。土猪年(1419年),永乐帝还派中官杨三保等赴藏,赐给佛像、法器、袈裟、绮帛和金银器等,以表彰他的功德。同年十月二十五日,宗喀巴大师在噶丹寺圆寂,释迦益西做了隆重的荐福法事仪式。次年,他在拉喀扎寺邀请了许多格西,举行定时祭祀法事活动,点燃千盏佛灯,诵经祈祷。这就是流传下来的每年农历十月二十五日举行的宗喀巴忌辰五供节,又称燃灯节。

关于释迦益西应明王朝之召二次赴京的时间,藏汉史籍中有几种不同的记载,《雪域历代名人辞典》中记为木龙年(1424年),才旦夏茸著的《藏族历史年鉴》中有金牛年(1421年)和土鸡年(1429年)两种说法,《藏汉大辞典》中记为木虎年(1434年)受封大慈法王。根据释迦益西之年龄,于水牛年(1433年)进京是可信的。因为在一些史料中说:"释迦益西虽已八旬高龄,但他不畏道路艰险,不辞跋涉艰难,再次进京朝见皇帝。"这年他的实际年龄正好是80岁。释迦益西将色拉寺法位传给法王达杰桑布后二次赴京(1421年,永乐帝迁都至北京)。释迦益西抵达北京城时,宣德帝比他的父亲更加礼敬,让他驻锡于法渊寺。不久,宣德帝命成国公朱勇和礼部尚书胡汉持节前往法渊寺,敕封释迦益西为"万行妙明真如上胜清净般若弘照普应辅国显教至善大慈法王西天正觉如来自在大圆通佛",简称大慈法王,与他的藏语尊称"贤钦曲杰"同义。木虎年(1434年),宣德帝给他御赐"释迦也失缂丝像"一幅。这是一幅极为珍贵的丝织像,缂丝像上的大慈法王,身着袈裟、头戴五佛冠,这是宣德帝敕封他为大慈法王时赐的僧服、僧帽。法王端坐法床,头顶罩华盖,法床的靠背饰以怒发冲冠的龙头,两边的供案上,左呈金刚铃,右有金刚杵和香炉。法王像右上角还缂织有红色大印一方,印文为"至善大慈法王之印",左边缂织有藏汉两种文字的封号全文。

木兔年(1435年),大慈法王辞别宣德帝,离开京城,取道西上,途经今青海省民和回族土族自治县转导乡的佐毛喀时,示现圆寂,享寿82岁。后在此建成弘化寺,将大慈法王的遗骨、舍利子、佛冠供在此寺中。此外,在《黄琉璃史》中还有一种记载:"法王赴内地的途中,曾预言若在这里修建寺院十分吉祥。"当从内地迁转佛土,遗骨运往西藏时,马车在此陷入泥沼之中,无法前往。于是其近侍僧回忆起往日的授记,在皇帝的支持下,由他的大弟子释迦慈诚在这里修建了一座小寺,命名为"丹曲塔尔林",意为"胜法解脱洲",并修灵塔供奉遗骨。后来将丹曲塔尔林小寺迁往佐毛喀城内重建,在此基础上发展成为弘化

格鲁派

寺。

宣德帝御赐大慈法王的缂织丝像由弟子带回西藏,原供奉在色拉寺内,现已收藏于西藏自治区文物管理委员会。

绛央却杰·扎西贝丹
——哲蚌寺创建者

格鲁派

绛央却杰·扎西贝丹，意为"妙音法尊·吉祥具德"，是宗喀巴大师的亲传弟子、哲蚌寺的创建者。他于藏历第六饶迥之土羊年（1379年）出生在西藏山南扎囊县境内的桑耶地方一个大农奴主家庭。父亲是一位未出家受戒的诵经师，有三个儿子，绛央却杰·扎西贝丹为第三子。扎西贝丹幼年时做一奇梦，在一座佛殿内供奉着三尊白文殊金身，其中中间的一位将一件金刚杵置于他的头顶，摇动金刚法铃为他做了很好的加持，自此他开始证得广大智慧，故聪明非凡。年稍长，他在帕竹噶举派专修显宗学的泽当寺出家为僧，取法名扎西贝丹；后来到桑普寺从涅贡仁桑和丹玛·官却僧格二师学习《般若经》和《因明论》；又到觉摩隆寺拜堪钦噶宇巴为师，闻习《毗耶奈经》和《俱舍论》；之后又赴噶丹寺，拜宗喀巴师徒为师，闻习《了不了义经善说藏论》《入中论疏》《菩提道次第略论》《菩提道次第广论》《密宗道次第广论》和《集续四合大疏》等显密经论多部。经请求,由宗喀巴大师任亲教师,都哇增巴·扎巴坚赞任羯摩师,嘉察杰·达玛仁钦任屏教师,为他授了具足比丘大戒。他授戒后继续在宗喀巴大师尊前学习"释续五部""五次第论""五次第明灯论""金刚勇识修行法""胜乐""喜金刚"以及瑜伽法类多种。他将所学显密经论让宗喀巴上师测试,结果他一天能精读细讲四部长条经卷,受到宗喀巴和释迦益西等师的赞扬。他被认为是博通经典最胜智者之一,能从心中完全说出《大般若经》函合在一起计算的经函一百零六函,又能从心中说出大小经函一百零八函,后又从《甘珠尔》和《丹珠尔》大藏经中学到了许多深广教诫和经论。据说,他后来竟成为一位能背诵讲说130部显密经论的大学者,僧俗敬称他为"绛央却杰",意为"文殊法王"或"妙音法尊"。

绛央却杰38岁时,上师宗喀巴委托他和内邬宗的宗本南喀桑波二人,在扎西朵喀地方修建一座讲修显密诸论的道场,并给绛央却杰一个右旋白法螺。绛央却杰家庭十分富裕,与内邬宗的宗本南喀桑波交往甚密。一次绛央却杰来到内邬宗,晚上做了一个奇特的梦,梦中情景是:在格培大山前的达布塘地方来了一位名叫南木德嘎波的圣人,圣人对他说:"请你在这里建一座寺庙,我可以献给你

格鲁派

5000僧人。"之后他又来到一条十分宽敞的山沟,看见那里有许多沼泽,在象山山嘴前一个池塘旁,至尊宗喀巴大师端坐在那里,对他说:"这是一个具闻思修的沼泽,缘法甚善!"又一夜,他梦见有许多人渡一条大河,河宽浪急,未能到达彼岸。一见此情此景,他顿生慈悲之心,即刻跳进河中游向对岸,欲去拯救这些人。这时河面上突然出现一座大桥,众人方凭桥到达彼岸。鉴于大师的嘱托,以及加上这几个梦兆,绛央却杰便与宗本南喀桑波商议建寺事宜,结果寺址就选择在拉萨西郊10里地方的格培山山坡下部,由南喀桑波任施主,绛央却杰主持动工修建,遂于火猴年(1416年)建成了著名的拉萨三大寺之一的哲蚌寺。建成后,宗喀巴大师亲临主持开光仪式。从此,哲蚌寺声誉大振,来寺朝拜的信徒络绎不绝,香火旺盛。

哲蚌寺的建筑艺术同西藏其他寺院有许多不同之处,尤其是其殿宇外墙的砌筑独树一帜。该寺凡佛殿、经堂、神殿及扎仓、康村、僧舍的墙体几乎全用加工的方石、片石和未经加工的块石砌筑而成,主要殿宇全部用约40~60厘米长的条石砌筑,石与石之间用一种黏性极强的白土与大米粥调和的泥巴黏合,并用这种黏泥填空勾缝,然后用黏泥抹光,刷上白灰。所以哲蚌寺的名称就从这种特殊的建筑原料及建筑方式中产生的。藏语"哲蚌"中的"哲"

是大米的意思,"蚌"是堆砌的意思,合为"用大米堆砌起来的寺院"之意,全称为"吉祥米聚十方尊胜洲",简称"米聚寺",藏语简称"哲蚌寺"。该寺初建时规模较小,后几经扩建,形成现在的建筑规模。寺院建筑依山顺势而建,殿宇连接,群楼耸峙,巷道曲幽,从山顶俯瞰,座座殿宇酷似一堆堆白米,又如一座景色优美的山谷城堡。

哲蚌寺在建寺初期有七座经院,是由委派的七位高足,设七座宣讲教法的讲座而演变形成的。绛央却杰任寺主,委任各经院堪布,后来合并为四个经院,即果芒、罗色岭、德央、欧巴,其中前三个都是显宗学院,只有欧巴扎仓是密宗经院。哲蚌寺规模宏大,僧舍众多,建寺初期僧人就不少,土猪年(1419年),宗喀巴大师来到哲蚌寺时,僧人已达2000多人。甘、青、康及蒙古地区的僧人常到该寺学经,甚至各地初出世之格鲁派的大小活佛也要到此寺深造。寺侧有亭园一座,传为二世达赖喇嘛时所建,名为噶丹颇章,从此以后,三、四、五世达赖喇嘛的转世灵童均在此坐床,水马年(1642年),五世达赖喇嘛在噶丹颇章建立地方政权,从此格鲁派开始掌管西藏地方政权。此时,该寺定员7700人。

绛央却杰任哲蚌寺寺主的同时兼任本寺大法台之职,治理寺院,培育弟子。他为8部显密经论做了详尽的注释,

格鲁派

这8部注释本就作为哲蚌寺的必修教材。同时,他在寺内也创立了祈愿大法会;在内邬宗本的支持下,还建立一年一次的白伞经法会,为讲经院提供衣食,制定寺院清规戒律,设置教程,建立讲修制度,弘扬讲、辩、著事业。

土蛇年(1449年)四月十八日,绛央却杰在哲蚌寺噶丹颇章内示现圆寂,享寿71岁。他圆寂时,天气晴朗,天空出现白虹,且有五彩霞虹交织成幕,出现在哲蚌、噶丹两寺间,天空纷纷落下鲜花。法体后被奉安于灵塔内,供养于佛殿中。

绛央却杰一生培养了许多弟子,其中著名者有梅色巴·洛哲仁青、年端巴·释迦坚赞、杰孟兰贝哇、洛宏嘎勒和窦勒、译师喜饶仁钦、法王南喀罗哲、藏巴更加哇等。

绛央却杰的著作有《宗喀巴大师密传祈请文》《般若经摄义正确实践》《宗喀巴大师在热振寺讲集学论时的笔记》《甚深道脐轮法教导》《口诵文殊颂词》《时轮续释》《吉祥密集圆满五次第直观教授》《密集五次第明灯常用部分解说》等。

道丹·绛白嘉措
——密宗成就自在大师

格鲁派

道丹·绛白嘉措，意为"证士文殊海"或"证士妙音海"，又称成就自在师绛白嘉措，是宗喀巴大师后期八大著名纯贤弟子之一，噶丹耳传密法的继承者和弘扬者，获得成就自在的密宗大师。

道丹·绛白嘉措于藏历第六饶迥之火猴年（1356年）诞生在青海宗喀地方，即今青海省湟中县坡家乡坡家村。他与宗喀巴大师为近邻，比宗喀巴年长一岁。他因前世受到良好的熏陶和教育之故，少年时就萌发了寻求佛教正法，出家修学佛法之念头，后到湟中西纳川当时为萨迦派的西纳上寺做西纳喇嘛的格贵（法棒喇嘛）。在这里，他从师学到了以《月灯论》为主的一些经典，口中常诵《月灯论》经卷，达到精熟程度。

18岁，绛白嘉措与人结伴赴藏求学正法。1373年到西藏后考虑到入寺学经，寺内僧众事杂，不能专心学法，久而久之会心生散逸，养成惰性，如此暇满难得，虚度时光，遂决定不进寺院，在各地道场游学。他先后拜喇嘛雪隆措喀巴、达隆译师、轨范师衮却森格、扎恰堪布格敦等为师，修学所有显密经论，掌握了五部论典的基本要义。当他游学到德瓦坚（极乐）寺时，宗喀巴大师正在该寺为僧众讲授《宝性论》经典，他即加入听众僧列，认真聆听后一一领会于心。绛白嘉措十分敬佩宗喀巴大师，遂拜宗喀巴为根本经师，大师也高兴地收下了这位同乡的学僧，并语重心长地对他说："要想很好地修学佛法，首先必须精读一些开派大师的经典著作；欲想明辨佛学理路和哲理，必须学习《因明论》。"他遵照大师的教导悉心钻研佛学，为了学好《因明学》，到桑普寺等一些寺院从师学习，并练习辩经。尤其从宗喀巴大师聆习了一些重要论典后，他觅到了正理的要谛。在几年间，他攻读了许多显密经论，并融会贯通。当显密经论有了一定造诣后，他认为可以专注于佛法的修持，便从几位上师处听受了修法要诀的教授，并进行实修，进而出现了与平时不同的感应。尤其到觉摩隆从邬玛巴·宗哲僧格和宗喀巴大师聆习关于文殊法类的胜乐论后，他在进行修习时，梦中出现了文殊道场五台山圣地的奇景。邬玛巴·宗哲僧格也是安多人，入藏后从上竹巴噶举派的名僧邬坚巴·仁钦白学习中观论而成为精通者，因"中观"

格鲁派

藏语称"邬玛",遂以邬玛巴尊称他,宗哲僧格是他的法名。宗喀巴大师也曾多次向邬玛巴请教中观学说,还说自己能了悟中观之义,颇得力于邬玛巴的帮助。后来邬玛巴、宗喀巴和他的后期八大著名弟子绛白嘉措、格西喜饶扎巴、格西贝郡巴、加白扎西(以上为多麦四大弟子)、加嘎巴、仁钦坚赞、桑郡、绛桑巴(四人为前藏四大弟子)一起到沃喀宗后,在宗本的请求下住在这里修行。宗喀巴住在曲隆的茅屋中静修,八大弟子分别找合适的静修地修持。在这里,邬玛巴专门为绛白嘉措传授了文殊修习法;宗喀巴大师也将自己获得的文殊菩萨修习法全部传授于绛白嘉措。

绛白嘉措概括了二师亲训口授的所有经典之要义,及密集、胜乐、大威德三法的生圆次第的精要部分,获得了许多甚深道法类的秘诀,特别是噶丹耳传密法的全部教授,断除了一切疑虑不解之迷惘,心中豁然开悟。宗喀巴知道他是一位与噶丹耳传密法有缘的殊胜弟子,后来就将囊括显密二宗精要的耳传秘诀之噶当派的《神变书》(又名《弟子问道语录》)传授于他。自此,绛白嘉措不仅将《神变书》这部密典掌握在手中,还将它细读精研,应用于密法的修炼之中。

绛白嘉措从二师学到许多密法后,又想到一处更加静谧的地方修行。他将想法告诉宗喀巴上师后,上师同意他单独去修习。自此,他远离尘世,避开纷繁的世俗事务,以菩提心忍受各种痛苦和艰辛,苦行勤修,虽有人承诺做供养,有人愿意做近侍侍奉,但他都没有接受。有施主供养财物,他大多拒不接受,只接受少数极其虔诚者的供养。然而他从不敛财积蓄,自己享受,而是将供养财物全部用于佛事活动和善业方面。宗喀巴上师也十分赞赏他的这种苦修精神和清高风范。

绛白嘉措严守戒律,一切事皆依律而行,每半月对自己的行动、语言、思想检查一次,看有犯无犯,倘有误犯,当即还净。他不分昼夜地修习菩提心和密宗法,虽已70岁高龄之人,但其容貌似30多岁的人——面容白皙如雪,两颊红润发光,神采奕奕,身端如箭杆,步履轻盈。他的师兄弟们明显地觉察到他已证得了空乐禅定——三昧耶之功德。相传,绛白嘉措在前世时,文殊菩萨常出现在他眼前,为具缘弟子做圣谕。此生他又敬信文殊菩萨,一生修习文殊法类,获得了空乐禅定证悟。宗喀巴大师也多次研究绛白嘉措的学经和修习方法,特别是向他问询佛经中的甚深要义和疑惑不解之问题时,他都会做正确而圆满的回答。

绛白嘉措在不断地修学过程中意识到,虽已具有无量教言和修证功德,但一切功德的来源皆取决于智慧,尤其是断戒三有之根(即随眠或烦恼)更决定于智慧,而智慧产生于广闻博学精研。明白这个道理后，他一面继续修法，一面开始为僧人讲经说法，让佛法普及人间，让人们广增智慧，崇奉佛法，带出了一批具有学识且德高品优的弟子。他自己也获得了先知、幻变等几种共与不共的神通证悟，成为当时具有殊胜成就自在的密宗大师。

绛白嘉措曾在佛祖圣像前发愿，将大乘金刚佛法广布人间，让具缘的善男信女尝到佛法甘露。他将宗喀巴大师善规派的修行和密法传播开来，使大师的先显后密、显密兼通的修学之风如江河之水，奔流不息，树立起使佛教盛兴不衰之胜利法幢，将宗喀巴大师尽传的噶丹耳传密法又毫不保留地单独密传给克珠杰的同胞弟巴索·却吉坚赞，让以金厄·罗哲坚赞为主的持佛弟子弘扬显密正法。绛白嘉措在圆满完成了此生此世学经、修法、弘法之事业后，于藏历第七饶迥之土猴年（1428年）正月初一示现圆寂，享寿73岁。后由他的弟子和邦萨巴等人出资建造一座金质灵塔，将其法体奉安于灵塔内。

绛白嘉措一生著有《宗喀巴大师传·嘉言集》《宗喀巴大师摄传记正论》等著作。

喜饶僧格
——西藏拉萨下密院创建者

格鲁派

喜饶僧格,是宗喀巴大师的密宗首要弟子,是密宗的继承者和弘传者。他因精通格鲁派密宗而倡建了后藏色地方的密宗学院和拉萨下密院,因而闻名于佛学界,成为格鲁派的密宗大师,所以在格鲁派寺院的密宗学院(居巴扎仓)中皆供有此师的塑像或唐卡像。

喜饶僧格于藏历第六饶迥之水狗年(1382年)出生在后藏日喀则西南名叫色地方的古尔玛村庄。他的父亲名叫丹巴麦波,母亲名曲古扎西。有的藏文史料中记载喜饶僧格是后藏纳塘地方人。据说他自幼就不喜欢热闹的世俗生活而喜欢追求清静的僧侣生涯。相传,13岁时,他曾在梦里见到至尊救度母前来催促他赶快出家皈依佛门。14岁时,在征得父母同意后,由智巴喜饶僧格任亲教师,郭哇格敦任报时师,给他披剃出家,并先后授近事戒和沙弥戒,赐法号喜饶僧格。受戒后,他坚持学习沙弥戒戒律,以戒条严格要求自己，成为一名上乘弟子。喜饶僧格首先拜一名很有佛学造诣的轨范师学习藏文拼读书写，不久即掌握了藏文的拼读写诵，开始念诵《现观庄严论疏释》，经反复念诵，将此经文全部熟记心中。有一次他正在诵经时，眼前出现了一位身着鹅黄色袈裟，头戴黄色僧帽，手持禅杖、盂钵，面带慈祥微笑的人，给他做了加持。他说这是以后与宗喀巴大师相见的预兆。此后，他在纳塘寺从后香巴更钦大师学习了许多经法；之后到前藏拜精通显宗的萨迦派高僧绒敦·玛威僧格（1367~1449年）为师，学习了《般若论》和《释量论》；又从萨迦派高僧雅楚·桑杰白（1350~1414年）学习《慈氏五论》《中观理聚六论》《入行论本释》《入行论》《释量论》及《释量七论》等显宗方面的经典，并继承了萨迦派法法统。20岁时到纳塘寺，经请求，又由堪钦智巴喜饶任亲教师，其他几位上师任轨范师、屏教师，给他授予比丘戒。在该寺他主要攻读法相学，同时还从亲教师等学习灌顶法、随许法、教言等经论，成为该寺学僧中出类拔萃的人才，受到上师和学僧们的赞誉。

此时，因先前有预兆和法缘之故，加之对宗喀巴大师的思慕，喜饶僧格决意离开纳塘寺，去前藏噶丹寺拜谒宗喀巴大师。到达拉萨后，他先去大昭寺和小昭寺朝圣、巡礼、祈祷。到噶丹寺时，适逢宗喀巴大师为前来求法的卫、藏、

格鲁派

康众格西讲经说法之际,他在森康嘎波(白色寝宫)中拜见了大师,一见大师即产生如同见佛的感觉而敬信得五体投地,自此在大师尊前专心致志地敬聆《菩提道次第论》等显密正法多部。之后大师还专门让他到觉摩隆寺从该寺堪布散丹东珠学习戒律论和俱舍论,皆学而有成。当时藏王扎巴坚赞邀请宗喀巴到完达扎西朵喀讲经,喜饶僧格作为宗喀巴的侍从一并来到这里,聆习了大师讲授的《中观论解说》《不了了义论疏》《量抉择论释难》《根本堕罪解说》等经论。当大师从扎西朵喀返回噶丹寺时,嘱咐他到桑普寺学习讲经,他在桑普寺为格敦朱(一世达赖喇嘛)等许多格西首次讲经说法。这时他放弃以前信仰的萨迦派而改信格鲁派。后又从克珠杰贝桑波听受时轮和大威德法之灌顶法类,尤其在宗喀巴大师尊前聆习了《吉祥密集之本续释六种及与之相融合的明灯论》、大师撰写的《本论及旁注》、略义、集密诀窍、五次第明灯论、胜乐续释、时轮、喜金刚、怖畏金刚等密宗经论,经研修后成为精通密宗的学者、宗喀巴大师的得意密宗弟子。有一次,宗喀巴大师在色拉寺后面东侧山腰上的色拉却顶寺为修学密法的学者们转密宗法轮时,色拉寺的创建者释迦益西(大慈法王)为修建密院献基地,大师向在场的密宗学者问道:"你们中间哪一位能继承我讲授的密集续的传规,建立密宗道场?"连问两次,竟无一人敢回答这个问题,这时喜饶僧格从会场中站起来，回答道："继承密续传规之事正合至尊大师之意，由我来继承。"语气是那么自信而肯定。别的学者以怀疑的目光看着他，而宗喀巴大师却十分高兴地给他做加持，将一内供颅骨《集续四合大疏》、两部密续注解、生圆经文、掘藏法王面具、跳神舞衣、短杵羂索等圣物交给他，委任他为无上密宗之主，并预言道："你到后藏地方去宣讲密续经论，将会有一夜叉女转世的女人做主要施主，以后有许多瑜伽弟子出现，在那里创建密宗讲修道场，弘传父续母续等密法，使密法修学僧尝到密宗法的甘露。"喜饶僧格遵大师之命，先到桑普同孟扎仓（现称南饶达波扎仓）讲经说法；后又在噶丹寺从嘉察杰·达玛仁钦、都增·扎巴坚赞、克珠杰格勒贝桑、却吉勒巴坚赞等师闻习灌顶、随许、教言秘诀等法类后，和格敦朱一起赴后藏，在相欠色、纳塘、达那等地广转法轮，弘传显宗经论，招收众多弟子。喜饶僧格到达那日库地方后，一面从次臣贝桑上师继续修学显密经论，一面为修密僧讲授密集经论；有纳塘宗宏（纳塘长官）桑科嘉做施主，在纳塘和相钦两地讲经；有达那格郡·尕布任施主，在日库、琼结达孜、山智孜等地巡回讲经。山智孜的长官还将山智却德扎麦寺献给喜饶僧格和格敦朱师徒二人，他二人以此为讲经弘法之道场，喜饶僧格主讲明灯论等密宗经论，格敦朱主讲般若、释量等显宗经论。后委任帕沃云丹嘉

格鲁派

措为山智却德扎麦寺的堪布,建立密宗讲修院,弘传格鲁派密法,并将宗喀巴大师给他的法王面具、舞衣、短杵献给该寺作为加持、主供圣物。之后到色地方的噶丹颇章寺,由色·仁钦孜巴任施主,创建了密宗经院,将大师的《集续四合大疏》密典献给密宗学院作为主供圣物,委任都那巴华丹桑布为经院堪布,主持密法讲修工作。从此传出的密宗,称色派密宗,因此派在后藏影响较大,所以称藏派密宗。这个密宗经院也培养了不少密法高深大师,时至今日讲传密宗之风仍兴盛不衰。

喜饶僧格在后藏传播密宗经论,建立了两处弘传密宗的道场后又回到拉萨,当时夏鲁巴·勒巴坚赞任噶丹寺第四任赤巴(法台),这里才开始公开讲传密宗经论,但该寺中除阳巴金密宗殿外,并无专门修学密法的经院。水牛年(1433年),喜饶僧格在拉萨大昭寺东面的木汝寺内创立了居麦扎仓(即下密宗学院),木汝寺是藏王赤·热巴坚时所建,在今拉萨市区东北部。"木汝寺",在清代汉文书中写作"木鹿寺",《西藏通志》中说木鹿寺:在大昭之北,小昭之东,楼高四层,亦颇壮丽,经堂佛像亦甚整齐,为西番僧人习经之所。西有经园,刊布三乘经文,颁行各处。下密院是格鲁派在前藏拉萨主要学习密宗法的道场。该寺曾经有5个康村,分别是安多康村、擦瓦康村、嘉绒康村、色松康村、直伍康村。后来喜饶僧格的一个弟子贡噶东珠在小昭寺内创立了上密宗学院。哲蚌寺和色拉寺中皆设有密宗学院，唯噶丹寺中未设密宗学院。因此上、下密院基本上是噶丹寺僧人学习密宗的场所。只有在拉萨三大寺的显宗学院完成学业，且成绩优良者，才有资格进入上、下密院学习。据说，只有在上、下密院完成学业，成绩优秀者也才有资格竞选噶丹寺赤巴（法台）。喜饶僧格将宗喀巴大师所赐的密集金刚金身、依怙护法面具、内供颅骨等献给下密院，作为该学院的主供圣物。为了学习有序，喜饶僧格让密宗修学僧经常坚持学习密续本释和生圆二次第论，规定春夏主要学习密续本释经论，秋季学习密集圆满五次第论、六支加行、那若六法、胜乐论圆满次第大瑜伽、圆满五次第、怖畏金刚圆满次第四瑜伽，称其为六大教授；再加上大曼荼罗圆满次第和佛智密集二次第论，总称为八大教授。

喜饶僧格圆满完成了宗喀巴大师交给他的弘传密宗和建立密宗经院的任务后，于藏历第七饶迥之木牛年（1445年）五月二十八日在噶丹寺圆寂。他的遗体火化后，僧众发现其头部完好无损，其他骨殖中生出许多舍利子，由格敦朱捡收后装入札什伦布寺的释迦牟尼佛像中。喜饶僧格著有《本续明灯疏诀定释》等密典。

嘉色·端悦却吉嘉措
——佑宁寺创建者

起先，嘉色活佛世系在西藏已转六世。第六世群佩嘉措圆寂前，侍从曾询问他将在何处转生？他答道："东方。"后果然转生于东面的塔波（约在今西藏自治区加查县和朗县境内）地方，诞生时山南地区的沃喀方向升起三道彩虹，彩虹一端直伸向诞生地的屋顶。灵童出生不久，便笑吟吟地手捻佛珠，众皆惊异。4岁时，灵童能准确地辨认出前世群佩嘉措用过的净瓶、佛珠、乘骑以及牵马人尼智等。后经三世达赖索南嘉措祈愿、卜卦，确认彼为群佩嘉措的转世灵童，并从三世达赖出家，取法名为端悦却吉嘉措。虽年幼，但深知高傲是攻习学业的障碍，一味追求衣食者，乃是低级庸俗之辈，故以火一般的热情勤奋学习，努力钻研佛经。据说，冬季辩习经典时，手指冻裂，鲜血渗流，他却一点也不觉得苦。他还常对一起学经的学僧说："如果一个人用绸缎和氆氇像酿酒一样将身体缠裹起来，终

格鲁派

日享用美味佳肴,像猪一样让人喂养,吃饱肚子时勉强学习,一旦遇到波折,便中止学业,或卖弄学问,像冬眠夏苏的昆虫那样苟且偷生,学业就不会有所长进,到头来一事无成。我决不会学这样的人,而要不畏艰难困苦,向诺桑(藏戏中的诺桑法王)、米拉日巴等贤者学习,即使学不到丰富的知识,但在言行方面要做一名有益于佛法的人。"

当时,端悦却吉嘉措做妙音佛母修观,一次梦中,在于一美妙的园林中,他与许多身穿华服的美丽女郎戏玩,其中一位装束艳丽者作歌道:"欲想掌握学识,精进求学方为上",歌毕作舞,自此,他思路顿开,智慧猛增,学业大进。端悦却吉嘉措曾从三世达赖喇嘛索南嘉措、四世班禅罗桑却吉坚赞、大成就师塔贝坚赞等上师聆听教诫,他认识到佛教戒律是一个僧人的命根子,故他像保护自己的眼珠那样维护三戒,用三戒约束自己的一切行为,遵从善律派的仪轨,并专一接受密宗思想。梦中出现的那位神女常声称要做他修法的手印女,由此他知道这是自己已达到一定修密境界的象征,但当他想到至尊宗喀巴大师正颜厉色地劝阻弟子们要求找一位明妃修行之事时,他毅然决然地回绝了神女的要求。

有一次,端悦却吉嘉措去拉萨途中,听见空中发出"三宝慈悲聚一身"的赞语;到达拉萨后,在大昭寺释迦牟尼佛像前献供祈祷,是夜即梦见自己坐在高位法座上,众僧向他顶礼,献上供养,称他是"达到智慧彼岸的博德哇",并抛撒香花,佛陀也委任他为教主。又一次,他去彭域的角保让,朝拜克珠琼保的修行室,在他到达彼地的前夜,当地有一大德梦见一女郎着蓝色宝饰,骑骡而来,敲打修行室大门,并言道:"明日然坚嘉措将至,须善迎接之。"第二日,嘉色活佛果至,大德遂做无量供养。嘉色活佛在去拜见大成就塔贝坚赞时,俄代贡嘉雪山中海螺声响亮,他向大成就师言及此事,大成就师说他也听见法螺声,此乃俄代贡嘉神山迎接之兆。

水兔年(1603年),诞生在蒙古地区的四世达赖喇嘛云丹嘉措从蒙古起程入藏途中,经过郭隆地方,看见这里风景优美,环境宁静优雅,认为是一处建寺弘法的理想之地,但由于时机未到而未允诺当地僧人的建寺请求。后来,当地扎德部落的昂索喜饶扎巴和浪加部落的噶居索南坚赞二人出面,召集阿嘉、霍尔、桦林、角察、达拉、赛查等郭隆周围的部落头人,共同商议,派扎德、浪加、霍尔、达拉等部落头人赴藏请求建寺。使者一行于水兔年(1603年)起身入藏,拜见四世达赖,言明来意后,达赖甚悦,欲满足他们的要求,但时值西藏第悉藏巴汗等欲灭格鲁派,发生教派之争,达赖遂向来请求建寺的众人说明时局如此,

格鲁派

自己难以成行,但会派一位高僧前去主持建寺。于是在拉萨大昭寺内,由四世班禅大师和四世达赖云丹嘉措主持,选择由嘉色活佛去安多建寺。嘉色活佛和使者一起离开西藏前往安多,初由西纳昂索设僧宴迎接,献丰厚供养,然后由华热地区各寺院、修行山寺次第隆重迎接嘉色活佛。之后嘉色活佛来到郭隆地方,发现该地群山环抱,草木繁荣,土地肥沃,谷物种类颇多,与他曾在西藏曲科嘉寺的拉摩拉措圣湖朝礼时,湖中显出的奇景颇为十分相似。他按照藏族地相文观察,发现这里十善俱全,天呈八辐轮,地显八瓣莲,后山峰峦三叠,前山犹如驼峰,遍地草木山花,森林覆盖,后山地形如佛幡,高高悬挂,郭隆沟曲折蜿蜒,沟口具足八支清凉水的湟水支流自西而东缓缓流过,是一块各种功德具备的十善之地。嘉色活佛仔细观察后就决定在这里建寺。藏历第十饶迥之木龙年(1604年)三月黄道吉日,嘉色活佛和一世松巴丹曲嘉措大师等带领僧众做吉祥长净仪式,开始尊基建寺。

以前,此地有一座萨迦派寺庙,此时已颓败不堪,原寺由南赛东坚玛护持,现依照达赖、班禅的授记仍委其为土地神,在郭隆沟口处建有土地护法神殿。在嘉色活佛和松巴活佛的主持指导下,以赛查等几个部落头人做施主,首先建起两层高的藏式经堂一座,内建有厢房净室,并建造了嘉色活佛的寝室和百名僧人居住的僧舍。寺院初建后，就以地名取寺名郭隆寺，内主供慈氏弥勒佛身像，因而寺院全称为"郭隆弥勒洲"，人们又俗称"二郭隆寺"。在寺院修建过程中，出现了几则奇事：因嘉色活佛是一位修行而获得证悟，且具有神通的高僧，据说他从郭隆寺一带掘出印度八十大成就中一位成就师的脚印石，并找到了他们修行过的禅洞，作为他自己修行的静室，又找到了噶玛·若白多杰的足印石。郭隆寺北面山坡上有一块一间房子大的巨石，一次，他看见这块巨石突然从山上滚落下来，便做期克手印，喝声"停"，巨石遂稳当地停在半山坡上，至今犹存。距郭隆寺3公里的沟脑里建有一座嘉色活佛静修的山寺，藏语名为"嘉色日绰智布得相曲林"，意为"嘉色修行静房菩提洲"。因山上有一岩石自然形成的圈口，形似山门，后来人们以此称之为天门寺。寺内有嘉色活佛静修的禅室，下面的岩石坡上留下了嘉色活佛的手印和脚印，十分醒目。传说天门寺左面山沟的一个山洞中有一位跛脚修行者，嘉色活佛手拉跛脚修行者起立，两人共跳金刚舞，并在石上留下了足印，跛脚者遂能正常行走，过江如走平地。总之，在郭隆寺一带嘉色活佛留下了许多奇迹。

郭隆寺初建后，由他委任松巴·丹曲嘉措为该寺第一任大法台，委任霍尔·布洪巴为僧官，噶居巴惹朗巴为引经师，由松巴、土观、俄却布等诸大善知识讲说经论。此后郭隆寺陆续修建，成为一座大寺院，被称为宗曲（湟水）北部诸寺之母寺。清雍正年间，在罗卜藏丹津反清事件中，郭隆寺被毁，寺院活佛和寺僧遇害。后雍正皇帝在土观、章嘉呼图克图的再三请求下，下旨拨款重建，赐寺名佑宁寺，并刻石勒碑。所以，此寺在安多牧区牧民口中称为郭隆寺，而在河湟一带的群众中则统称佑宁寺。

寺院建成后，嘉色活佛有时为寺僧讲经传法，但大部分时间均在天门寺静修。土鸡年（1609年），他被迎至卓仓瞿昙寺和甘肃韩达隆寺讲经弘法，不久即从四世达赖之命返回卫藏。他返回卫藏后，仍住修于哲蚌寺。

嘉色活佛在西藏时已转至第六世，他为第七世，后来在佑宁寺转至十三世。该师往生时间不详，在佑宁寺有其灵塔和塑像。四世班禅大师曾赞誉他"在安多建立讲修道场，多有经法益民的无量功德"。尼居然坚巴·格敦坚赞也称赞他是"观音菩萨的化身"。

却藏·南杰班觉
——却藏寺创建者

格鲁派

却藏·南杰班觉,是青海互助却藏寺(藏语"噶丹木居林"或"图丹冉杰林"寺)的创建者,为该寺第一世活佛。因他出生在前藏堆隆却藏(今西藏自治区拉萨市堆隆德庆区)地方,"却藏"遂成为该活佛世系的佛号。

却藏·南杰班觉于藏历第十饶迥之土虎年(1578年)出生。父亲名索朗贡波,是宁玛派密法师;母亲名玛泽桑。童年时,他由父亲教习文字读写及口诵经文,虽年幼却才思慧悟,不久掌握了文字写读和文法。年稍长,下密院僧人在曲弥隆地方坐夏修习时,他从家中悄悄地跑到曲弥隆,拜密宗上师南杰巴桑为师,皈依佛门,并受了沙弥戒。上师南杰巴桑赐其法名南杰班觉。随后,他先到热哇堆扎仓从达隆扎巴·罗哲嘉措学习《集类学》和《因明学》,又入哲蚌寺果芒经院拜大学者玉康巴·格勒隆珠为师,学习《中观论》《般若经》《律本论》和《俱舍论》等,经立宗答辩后获得林塞格西学位，还先后到色拉、噶丹、札什伦布、华科、昂仁等寺的法相经院巡回辩经，遂渐有名气。

当南杰班觉在札什伦布寺修学经论时，在藏巴汗的支持下，噶玛噶举派的一名格西和萨迦派的一名格西前来札什伦布寺与格鲁派的学者辩经。四世班禅罗桑却吉坚赞派他参加这场辩经活动。经过激烈的辩论，南杰班觉从教理方面辩胜了这两位格西，藏巴汗也十分赧颜。南杰班觉在大会上进行供养时高兴地说："让至尊宗喀巴·罗桑扎巴为此而高兴吧！"第司索朗曲佩却暗中为南杰班觉授以增上缘，让他当上了果芒经院的首任格贵喇嘛，管理经院戒律。自此，人们称他为却藏·南杰班觉。尔后，他进入下密院学习密乘诸论。金猪年（1611年），他33岁时，在四世班禅大师尊前聆习《金刚鬘灌顶》《胜乐》等许多密法，并从大师受了比丘戒。

安多境内韩达隆（今甘肃省临夏县韩家集镇）韩土司和韩阿吾喇嘛等派人到西藏，向四世达赖喇嘛云丹嘉措请求派一位佛法较高的喇嘛到安多弘法。云丹嘉措遂派却藏·南杰班觉前往。他与拉尊等僧人一起离开拉萨到达青海湖一带时，因拉尊是青海蒙古土默特部火落赤王爷的儿子，他知道南杰班觉从四世班禅处学有金刚乘密法，便告诉了父亲火落赤，所以火落赤请南杰班觉讲经传法。于是

格鲁派

却藏·南杰班觉在青海湖之南为火落赤和僧侣讲经，并修建了一座小寺院，且在寺内讲经长达7年之久，期间在名叫塔克尔的地方住修了几年。火落赤去世后，寺院逐渐衰落下来，而后洪台吉与其弟弟发生内讧，南杰班觉和第巴夏茸从中调解后矛盾暂时缓和。不久，蒙古喀尔喀部却图汗率兵入据青海湖，消灭了土默特部。因却图汗信奉噶举派，故却藏·南杰班觉即离开青海湖到宗喀一带传教，被西纳昂索叔侄请到西纳昂索的驻锡地西纳下寺（在今湟中县多巴黑嘴村）做承事供养。后因西纳施主的坚请，却藏·南杰班觉于金马年（1630年）出任了塔尔寺第五任总法台。任职期间，塔尔寺显宗学院内出现了学习显宗经论方面的争论，他按争论者双方的意愿，在显宗学院分设果芒般若一品班级和杰尊一品班级，果芒一品班学习哲蚌寺果芒扎仓的教程，杰尊一品班学习色拉寺杰尊巴的教程。因此双方的争论自然宁息，这种学经传规至今在塔尔寺仍有保留。却藏·南杰班觉还主持了在寺院周围的山坡上兴建四大天王的奔康（万佛墩），内供四大天王神像，意在守护寺院四方，使寺院与村落界限分明。

之后，应却图汗之邀，南杰班觉前往青海湖滨传授法诫。却图汗说："这位却藏上师和第巴夏茸二人除教派不同外，都应当是我的上师。"火鼠年（1636年）年底，固始汗和巴图鲁洪台吉二人消灭了却图汗。火牛年（1637年），却藏·南杰班觉卸任塔尔寺法台后，应固始汗邀请到青海湖滨，受到尊崇供养。

土兔年（1639年），却藏·南杰班觉担任了佑宁寺第九任法台，大兴讲辩之风气。早年，佑宁寺僧众来迎请他任该寺堪布时，固始汗曾说："您任堪布后，广行佛事，我会尽力帮助，并承许将整个华热地区献给寺院做香火庄。"南杰班觉在任佑宁寺法台10年期间，以讲闻为主，大力弘扬佛法，新建大佛殿，造息诤塔，为寺院绣制一幅大型弥勒佛像，漆刷大经堂，铸造60尊法轮佛母铜像，刻印部分显密经典，每年为僧人发放衬钱、僧禄，为佛寺做了许多有益之事。火狗年（1646年），他还前往甘肃临夏地区向韩达隆土司及这里的僧众讲经传法，韩土司及信徒信民为他做了盛大供养，献礼殷重。

土鼠年（1648年），却藏·南杰班觉携带许多布施返回互助南门峡本朗扎西塘地方，看见这里有一座帐房寺院，帐房寺东西有二山环抱，右如盘龙绕卧，左似凤凰展翅，山上松柏苍翠，山下清泉遍地，草木茂盛，是一块建寺的理想之地。土牛年（1649年），他改建帐房寺为土房寺，取寺名为"却藏具喜不变寺"。该寺经二世却藏·洛桑丹贝坚赞的扩建、增建之后形成相当规模，清雍正元年（1723年）

因罗卜藏丹津反清事件而被毁,以后重建。

却藏·南杰班觉建成却藏寺后,圆满了弘法事业,于藏历第十一饶迥之金兔年(1651年)在却藏寺圆寂,享年74岁。

却藏活佛世系从却藏·南杰班觉开始已转至七世,但按传统追认活佛计,已转十三世。

夏日仓·噶丹嘉措

——一世夏日仓活佛

格鲁派

噶丹嘉措,于藏历第十饶迥之火羊年(1607年)出生在今青海省黄南藏族自治州同仁地区。父亲叫喀本加,母亲叫纳萨娘毛。

噶丹嘉措四五岁时,随兄长曲巴仁波且学习藏文写读,7岁时在其兄罗桑丹白坚赞跟前受居士戒,其兄长罗桑丹白坚赞是一位获得成就、显密兼优的喇嘛。10岁受戒出家,取名噶丹措尼。11岁时,随兄到拉萨,在噶丹寺拜见了达隆札巴。达隆札巴给他取法名为噶丹嘉措,授沙弥戒。他在那年的冬季法会上进入香孜经院,从次臣却培、藏巴噶钦·罗哲南嘉学习《摄类学》,共3年。之后他拜嘉绒巴、克智丹巴达杰为师,7年间学习了《中观论》《般若经》《俱舍论》《律藏》等许多经典。20岁(1626年)时,在桑普寺立宗答辩,得到僧众的好评,获得"杰噶哇"称号。是年,在大昭寺释迦牟尼佛像前,由四世班禅罗桑却吉坚赞为堪布，给他授了比丘戒。21岁（1627年）时，随同去蒙古地区传教的克珠桑杰益西的转世化身返回故里，从古哇却嘉措在隆务寺闻习密集经论，后来又拜第巴曲杰丹增洛桑嘉措、古哇却嘉措、东丹玛·崔臣嘉措、嘉赛·洛桑丹增、黎家喜饶僧格、拉毛洛哲嘉措、东科尔·多居嘉措等33位大师学习《菩提道中论》等，成为佛学造诣很深的高僧。噶丹嘉措于金马年（1630年）主持隆务寺，被认为是西饶尼玛的转世，称一世夏日仓活佛①。他修建了该寺的参尼经院。噶丹嘉措曾先后去丹斗寺、安琼南木宗等黄河沿岸一带的寺院和雅囊八寺、宗宁扎普、玛昂扎噶、涅贡扎噶、上下夏热、吉耿甘扎、娘仓达隆札、达仓拉毛、希格龙瓦等佐格、卡加六部落地方的100多座寺院巡回讲经，在隆务扎西曲寺建立了修行院。清王朝曾封噶丹嘉措为"隆务寺呼图克图宏修妙悟国师"。

噶丹嘉措于藏历第十一饶迥之火蛇年（1677年）在黄南扎西曲寺圆寂，享寿71岁。他一生弘扬佛法，弟子众多，还专心著述论说，有关于中观、般若等方面的著作5函，代表作有《噶丹嘉措文集》《噶丹嘉措道情歌集》《安多佛教史概述》《自传》等。其中，他的道歌集是一部脍炙人口的杰作，因而他也被誉为安多诗人。

格鲁派

注释：

①夏日仓活佛：是青海黄南地区著名的活佛系统，他的根本道场是隆务寺。噶丹嘉措被认为是西饶尼玛的转世。从噶丹嘉措开始，夏日仓活佛系统才被确定下来，因而他为一世夏日仓，至今已转八世。

多居嘉措
——青海东科尔寺创建者

格鲁派

东科尔·多居嘉措,是青海湟源东科尔寺第四世活佛,汉族。该师的转世是十分奇特的,有一个神话般的传说。《安多政教史》载:三世东科尔活佛杰瓦嘉措(1588~1639年)是西康巴康达桑地区东科尔寺的活佛。他曾到安多一些地区传教,在凉州四大寺院等处讲过经,土兔年51岁时在凉州圆寂。门徒们将其遗体送往康巴东科尔寺,经过苏曲河畔时,恰好对岸有一个17岁的汉族青年的尸体正被送往墓地。这时杰瓦嘉措的灵魂未经过投胎转世,即像飞鸟似的转趋于这个青年的身体中,这在佛教中称为夺舍法。于是这个青年死而复活,喊道:"我是东科哇。"他从棺中走出来,不认识送他的乡亲,却认识河对岸的几位喇嘛,众人皆感到迷惘。

经确认后,门徒们将这位复活的青年与三世东科尔活佛的遗体一同送往康巴东科尔寺。在途中,这位被确认为三世东科尔转世的青年，从却藏·南杰班觉尊者（1578—1651年）出家为僧，取名嘉样嘉措，并从该师聆听了许多灌顶、教诫和诀要。这就是第四世东科尔活佛。

火狗年（1646年），26岁的四世东科尔嘉样嘉措前往西藏拜师学法。在后藏札什伦布寺由四世班禅罗桑却吉坚赞给他授了比丘戒，起法号为多居嘉措。在哲蚌寺，多居嘉措朝拜了五世达赖喇嘛，并受到第司索南群佩和固始汗的极大崇敬和器重。多居嘉措曾向五世达赖喇嘛陈述了他要在安多的多卡尔（即今青海省湟源县）地区修建寺院的想法，并请达赖赐一地址。得到五世达赖所赐的文书后，多居嘉措立即启程，经青海湖抵达多卡尔地方。约于土鼠年（1648年）至金兔年（1651年），他在这里建成了一座寺院，寺名藏语称"东科噶丹曲科岭"，意为"东科尔具善法轮洲"，简称东科尔寺。自此多卡尔地名以寺名变成了东科尔。该寺为了和康区的东科尔寺相区别，又称西宁东科尔寺。寺内修建了大经堂及怙主殿。固始汗给多居嘉措划分了多卡尔、多查子、库苦库图、道达耶、哈拉库图、日月山、塔尔湾库图、拉萨札子（皆为今湟源辖区）等地作为东科尔寺的溪卡。

在未修建东科尔寺之前，有甘肃天祝地区的信徒邀请多居嘉措去建寺，他接受了请求。当时天祝一带有三个部

格鲁派

落都希望在自己活动的地域内修建寺院，多居嘉措要他们好好商量，最后选定了却典堂这块地方。却典堂意为"塔儿滩"。相传，14世纪60年代，噶举派黑帽系四世活佛噶玛·若白多杰途经凉州赴京时，行至浩门河（今青海省门源回族自治县境内），制服了河里的一条常出来伤害人畜的孽龙。为了显示降服孽龙的功绩，便在河岸一带修建了108座镇龙塔，因而便有了却典堂之名。多居嘉措于火猪年（1647年）在却典堂建成一座寺院，藏语称为扎西达杰林，后来称却典堂寺。这就是今天甘肃省天祝藏族自治县的天堂寺。多居嘉措亲自为寺院制定集会诵经的章程和寺规。又有一说，天堂寺是丹玛慈臣嘉措建成后献给多居嘉措，并由多居嘉措续建的。

水龙年（1652年），多居嘉措在青海噶尔塘库措摩地方拜会了去北京的五世达赖喇嘛。木蛇年（1665年），多居嘉措奉召赴北京朝觐康熙帝，被康熙帝赐予"文殊室利禅师"之号。自此他任职京师，为驻京八大呼图克图之一。多居嘉措受封后返回东科尔寺，被康区的噶居·释迦嘉措等迎请到阿坝毛尔盖寺。在毛尔盖寺内，他修建了弥勒佛大殿、怙主殿、大经堂、僧舍等，供奉了许多佛像、佛塔和《甘珠尔》《丹珠尔》大藏经。之后他和释迦嘉措到华热（今青海省乐都北山、互助松多和甘肃省天祝藏族自治县过去统称为华热）地区，确认了药水泉和胜乐湖。据说多居嘉措曾将一处毒水命名为甘露后，使该处成为能医治白胆疾病的药水滩，并涌出了功效不同的多眼泉水。

多居嘉措大师一生建寺传法，广做利益众生之事，后于藏历第十一饶迥之水猪年（1683年）圆寂。东科尔活佛至今已转十四世。

一世敏珠尔和二世敏珠尔活佛

——广惠寺敏珠尔呼图克图

一世敏珠尔程列隆智，是多麦地区南部曲科林的赞普纳（今青海省海晏县群科滩）地方人，蒙古族。他生于藏历第十饶迥之水狗年（1622年）。父亲名叫涅希嘉格，母亲名叫玛萨曲姆。

程列隆智自幼由山华活佛剃度出家，之后入藏，在哲蚌寺果芒经院拜噶日瓦·阿旺班觉为师学习佛学经典，又在达仓拉哇上部地方从达曲南嘉哇学习修辞、语法、声明及因明论和集类学，之后复到果芒经院攻读《般若》《中观》《俱舍》《律藏》等经论，经立宗答辩，获得林塞格西学位。之后，他从拉萨到后藏，从阿里的仲巴·格鲁达杰聆习《菩提道次第论面授法》《大威德十三尊生起次第和圆满次第》《止观》等显密经论，并进行苦修而获得寂止的证悟，又从扎钦巴·洛哲嘉措、噶居巴·金巴嘉措、一世章嘉活佛、塔秀·曲郡嘉措格西、白利格西、蒙古族洛桑扎西、达温巴·丹

格鲁派

增嘉措等学者学习"五部大论",还从帕旺喀巴·班觉达杰学习护法经及各种仪轨。

程列隆智从31岁至43岁(1652~1664年)任哲蚌寺果芒经院堪布,历时12年整。在任堪布期间,据说于法座的缝隙间生出了菩提花,僧众十分惊奇,皆认为这是他已具备了菩提心的征兆。44岁时,应墨尔根洪台吉请求,五世达赖喇嘛赐程列隆智"敏珠尔诺门汗"名号,自此"敏珠尔"成为该活佛世系的佛号。是年青海大通东峡的郭莽寺创建者、寺主赞布巴·端智嘉措(1613~1665年)圆寂,程列隆智便主持该寺寺务。当时该寺仅有30多名帐房僧①,经程列隆智集资兴建了显宗学院,招集僧众讲经说法,僧人逐渐发展到700余名。以后郭莽寺的转世活佛就是敏珠尔,历辈均为寺主。程列隆智即为第一世敏珠尔活佛。程列隆智于土马年(1678年)奉旨去西藏拉萨建塔立像,刊印经卷,为僧众讲经授法。73岁欲返回故乡时,他应一世嘉木样协白多杰之请求,留藏讲授《白伞盖二十五天女灌顶法》《白度母随许法和长寿法》等经法。有一次,他对一世嘉木样说:"您在西藏学法、修法时间已久,和我一起去安多地区弘扬佛法大有益处,您看如何?"嘉木样因早有立誓之言,故不能前往。敏珠尔只好在74岁高龄时,一人回到安多地区弘扬佛法,后于土兔年(1699年)在郭莽寺圆寂。

敏珠尔·程列隆智圆寂后的第二年,即金龙年(1700年)十二月十五日,其转世灵童在青海化隆查甫夏琼寺附近之冲察贡阿地方出生,父亲叫才桑贤,母亲叫央茂吉,族属热氏,为藏族。父母为他起名阿旺格敦,由一世嘉木样活佛以卜算梦示认定他为前世敏珠尔的转世灵童。六七岁时到夏琼寺学习文字和经法,从该寺堪布受居士戒。9岁时被迎至郭莽寺,举行坐床典礼,继任敏珠尔法座,为第二世敏珠尔活佛。他由二世却藏·丹贝坚赞任亲教师,授沙弥戒,赐法名洛桑丹增嘉措,并从洛桑贝丹学习显宗经典。12岁时在郭莽寺从丹玛·阿旺丹增赤烈成就师学习灌顶教法。金鼠年(1720年),筹资修缮了平措隆寺。水虎年(1722年)开始立宗答辩,是年到西藏求学。

水兔年(1723年),由于青海罗卜藏丹津反清事件,清军将郭莽寺和郭隆寺等寺院全部焚毁,杀死僧人700余名,并将涉嫌参与事件的二世却藏·丹贝坚赞用火烧死。敏珠尔·洛桑丹增嘉措听到这个消息后,悲痛不已。他27岁时,即火马年(1726年),雍正皇帝遣使给他送来金册、金印,召请他进京。当时他已回到安多地区弘扬佛法,在接到圣旨后没有立即动身,把刊印《甘珠尔》大藏经、塑造释迦牟尼金身的任务完成后,送往已毁的郭莽寺之后才

格鲁派

赴京朝觐雍正帝。在京城他一一回答了诸上师和大臣们提出的问题，因应对适宜，而受到大臣们的称赞，并得到雍正帝的礼遇，受封为"呼图克图"之职，成为驻京八大呼图克图[②]之一。火羊年（1727年）四月初三，他自京启程，经内蒙古、宁夏、甘肃，返回郭莽寺。土鸡年（1729年）始，他用雍正帝御赐的金银修复被毁坏的寺院，请求夏鲁巴创建了密宗、时轮、显宗和医明学院，将刊印的《甘珠尔》大藏经和从西藏带来的《丹珠尔》大藏经及释迦牟尼佛像供于寺内，并重新确立寺规，任命各经院堪布及格贵僧官。金猪年（1731年），雍正帝御赐重建郭莽寺经费和"广惠寺"的匾额，自此，该寺除在藏语中仍称郭莽寺外，汉语中多称广惠寺。

二世敏珠尔为了扩建寺院，从西藏各地和尼泊尔请来能工巧匠，对寺院进行修缮，新建欠巴扎仓（跳神舞院），任命达日格西洛哲饶觉为该院欠宏（负责人）。之后他又在广惠寺、耶日寺、朱固寺各塑造一尊弥勒佛金身，还自任朱固寺法台。木虎年（1734年）接到要他进京的圣旨，他将广惠寺托付给夏鲁巴管理，于五月十七日自西宁起程。二世敏珠尔到达北京后，即被留驻京师，敕赐华盖、朝车朝马，驻锡东黄寺，后被委任为蒙古多伦诺尔的掌印喇嘛，成为内蒙古地区的佛教领袖。火龙年（1736年），他到拉萨参加了祈愿大法会，向僧众施放芒加、布施，又朝拜了拉萨大昭寺、小昭寺、上下密院、后藏札什伦布寺等佛寺，然后返回内蒙古地区，随之经七海寺、萨贤东进京，行至多伦诺尔时病故，年仅37岁。

敏珠尔世系至今共转九世，第三世阿旺赤列嘉措、第四世绛边却吉丹增赤列、第五世噶桑图旦赤列嘉措、第六世格敦赤列达杰、第七世罗桑阿旺程列拉加，俗称多杰加、第八世洛桑俄项赤列尼玛、第九世洛桑贝旦益西。

一世敏珠尔著有《集类学正言库》和《噶丹津梁》等。四世敏珠尔著有《世界广论》一书，是介绍印度及我国藏区地理的名著，有英、俄、法等文节译本流传国外。

注释：

①帐房僧：在牧区以帐篷做经堂和佛堂的建筑称帐房寺，在此出家的僧人称帐房僧。

②驻京八大呼图克图：青海地区的七名活佛和内蒙古地区的一名活佛，历世受清廷器重，封为驻京呼图克图，管理京师、安多、内蒙古的佛教事务。他们是章嘉呼图克图、土观呼图克图、阿嘉呼图克图、赛赤呼图克图、敏珠尔呼图克图、东科尔呼图克图、拉科呼图克图和察罕达尔汗呼图克图。

嘉纳巴·阿旺洛哲嘉措

——清廷和谈使者

阿旺洛哲嘉措，意为"语王慧海"，为噶丹寺第四十四任赤巴，塔尔寺第一世赛赤呼图克图，蒙古语称之为噶丹锡勒图呼图克图。他于藏历第十一饶迥之木猪年（1635年）出生在青海塔尔寺寺属六部族之一的米纳部族拉顶村（今青海省大通回族土族自治县景阳镇兰冲台村）一藏族农民家中。父亲名达却才让，有的资料中为窦徐才达；母亲名才毛加。据说他出生时家境十分贫穷，住在该村的一个土窑中，这个土窑洞至今犹存。他的舅父措杰巴·绛巴嘉措是个僧人，家境较殷实。他幼年时被父母送到舅父处学习藏文及佛典，后随舅父到蒙古库伦地方云游学经。从库伦返回青海后，他在塔尔寺从赞布·东珠嘉措（郭莽寺的创建者）和藏哇·罗桑丹贝坚赞学习《慈氏五论》。

水龙年（1652年），17岁的罗哲嘉措由家人护送，经11个月的长途跋涉抵达后藏札什伦布寺，拜见四世班禅大师，经请求，由四世班禅大师授近事戒，并聆听了许多随许法和教言。之后去前藏，他在大小昭寺和拉萨三大寺中朝礼，做供养、发宏愿，后入哲蚌寺果芒扎仓拜师学显密经论。18岁时，四世班禅大师在哲蚌寺任堪布，经请求，由大师给他授沙弥戒，赐法名阿旺洛哲嘉措。受戒后，他继续在果芒扎仓广学经法。27岁赴后藏，在札什伦布寺觐见四世班禅大师，又从大师受比丘戒，并在大师尊前聆听教诫。尔后返回哲蚌寺，在果芒扎仓师从堪布赤列平措主攻因明学，深入研习显宗五部经论，成为显宗方面的学者。在拉萨传召大法会期间，参加巡回辩经，荣获"拉然巴"格西学位。

显宗学达到较高造诣后，阿旺洛哲嘉措入拉萨下密院深造密乘法类。他在几位密宗上师处闻习以《四续部》为主的许多密宗经论，并经答辩测试后取得了"欧然巴"（密宗博士）格西学位，后曾任下密院格贵、堪布之职，继又入噶丹寺夏孜扎仓（东院）从该院法主罗桑白玛、轨范师嘉木样协白多杰及密宗院堪布罗桑端月等几位大德聆听各种灌顶法、修行仪轨、教言、诀窍等。31岁，他又荣升为哲蚌寺果芒扎仓堪布。他曾先后历任德央扎仓、果芒扎仓堪布，并任噶丹寺绛孜（北院）扎仓法主。水狗年（1682年），他48岁时就登上了噶丹寺第四十四任赤巴之金座，成为格鲁派创始人宗喀巴大师法座的继承人、格鲁派的教主。因噶丹赤巴藏语称噶丹赛赤，意为"金座"，蒙古语称锡勒图，故从此尊称该师为赛赤或噶丹锡勒图呼图克图活佛，以后其历辈转世均称赛赤，并冠于法名之前，成为这个活佛世系的佛号。

阿旺洛哲嘉措任噶丹寺赤巴4年后，即火虎年（1686年），蒙古喀尔喀土谢图汗部与扎萨克图汗部为争夺属民发生战乱。当时准噶尔部首领噶尔丹支持扎萨克图汗部反对土谢图汗部及第一世哲布尊丹巴活佛，整个蒙古部落之间一时惶惶不安，形势十分严重。清朝政府和康熙帝对事态的发展也极为关注，因当时藏传佛教在蒙古地区影响比较广泛，又鉴于五世达赖喇嘛不仅在藏区各教派领袖中有崇高的威望，而且在蒙古各部落首领中也具有相当高的声誉，其感召力极强，因此，便命五世达赖喇嘛派佛法高深的大德前往参加调解。而五世达赖喇嘛已于水狗年（1682年）圆寂，由五世达赖喇嘛的弟子第巴桑结嘉措执掌西藏政教大权，遂选派德高望重的阿旺洛哲嘉措前往蒙古。

阿旺洛哲嘉措深感责任重大，到达安多宗喀时，又相约青海佑宁寺第二世章嘉阿旺洛桑却丹一同赴蒙古。在这次调解大会上，一开始便发生了座次之争：一世哲布尊丹巴认为自己是喀尔喀蒙古地区格鲁派的最大活佛，他要求

格鲁派

座位应与五世达赖喇嘛的代表一样对待，而准噶尔部的代表则认为阿旺洛哲嘉措为五世达赖喇嘛的全权代表，且又是噶丹赤巴，其身份为格鲁派的教主，哲布尊丹巴的要求，显然是对五世达赖喇嘛的代表的不尊重，因而愤愤不平，退出了会场。身负重任的阿旺洛哲嘉措以大局为重，并未计较座次高低，同意了哲布尊丹巴的要求，竭力说服准噶尔部的代表，开始了谈判。阿旺洛哲嘉措在谈判过程中，充分表现了他的才干和宽阔的胸怀，讲述了团结为重、和解为贵的许多道理，终于使扎萨克图汗部与土谢图汗部达成了和解。

和谈成功后，阿旺洛哲嘉措奉旨赴厄鲁特、喀尔喀等地讲经传法，这些地区的蒙古众汗王、台吉、喇嘛等都尊奉他为教主。康熙帝对这次和谈十分满意，认为阿旺洛哲嘉措在这次调解部落纠纷中发挥了重大作用，又在格鲁派中享有很高地位，为表其功，于火兔年（1687年）召他和章嘉·阿旺洛桑却丹入京，特赐封阿旺洛哲嘉措为"驻京呼图克图"名号，并命他在京城各寺弘传佛法。后阿旺洛哲嘉措告假返回青海，与拉毛察罕诺门汗（白佛）及卫津台吉关系甚密，常有来往，并在塔尔寺集资修建了自己的嘎尔哇——赛赤活佛府邸。当他正准备返回西藏之时，不幸于藏历第十二饶迥之土龙年（1688年）在故乡米纳热顶

(兰冲台)村圆寂，享年54岁。现在塔尔寺大金瓦殿内有他的灵塔。因他曾在内地弘传过教法，后来人们称他为嘉纳巴·阿旺洛哲嘉措，意为汉地僧人阿旺洛哲嘉措。

嘉木样·华秀·阿旺宗哲

——拉卜楞寺创建者

藏传佛教五大教派名僧传

第一世嘉木样协巴阿旺宗哲，又称嘉木样协白多杰，意为"妙音含笑金刚"，是拉卜楞寺的创建者，也是名扬西藏、安多、康区、蒙古等地的大学者、佛学家。他于藏历第十一饶迥之土鼠年（1648年）正月初八出生在安多藏区甘加的当让勒查东（今甘肃省甘南藏族自治州夏河县甘加乡）地方一个藏族人家中。其家族为华秀族，祖父喇嘛加有三个儿子，三子华本加为嘉木样协白多杰之父，是一位剽悍而敬信佛教之士；母亲塔毛贤，心性善良且贤淑，亦信奉佛教，乡邻有口皆碑。

阿旺宗哲有兄弟四人，他为长兄。据说他一出世就与众不同，能睁眼危坐，面带笑容，使合家大小惊叹不已。5岁时，他由父亲带到青海湖畔拜见了前往北京的五世达赖喇嘛罗桑嘉措。孩提时虽跟其他孩子一块玩耍，但他玩得与其他孩子不一样，不是垒寺庙、建佛堂，就是做祭供，

格鲁派

或双手合十,学修法姿态,还常常学讲经、摸顶等,尤其他用一块优质石料雕刻了一尊释迦牟尼佛像。他的这些奇异之处引起人们的许多猜测,皆认为非同寻常。7岁时,他从伯父索南龙珠学习藏文写读和口诵经文,因勤奋好学,聪颖过人,进步很快。他又善于作画,所绘之画栩栩如生。13岁,他从曲却·益西嘉措剃度出家,皈依佛门,并受了沙弥戒,赐法名罗桑坚参,从此开始了他的僧侣生涯。为了求得佛法真谛,他夜间衣不解带,发奋攻读显密经典,兼修密法、医药、天文历算,并立志要赴藏留学深造。

土猴年(1668年),阿旺宗哲20岁,入藏学法,临行立誓:"学法不成,决不还乡,请地方神灵明察。"到达拉萨后,他先去各大寺朝圣祈祷。相传,在朝礼时,文殊菩萨佛像含笑接受了他敬献的哈达,故其有"嘉木样协白多杰"之称。然后入哲蚌寺果芒扎仓学经,从该扎仓堪布洛哲嘉措大师学习5年,攻读了《因明入门论》《金刚鬘疏释》《律藏》《般若》《中观》《注疏集要》等经论。他深钻细研,慎思明辨,五部论典均得其究,成绩优异,在该经院崭露头角。25岁,去西藏著名的辩经寺院桑普寺参加夏季法会,5天之中,立宗"五部大论",拉萨三大寺11个经院的知名格西竞相问难,他不慌不忙,引经据典,对答如流,众僧无不敬佩,这次他不仅取得了"噶居巴"学位,而且从此声誉日隆。27岁时，经请求，由五世达赖喇嘛任亲教师兼轨范师，给他授了比丘戒，赐比丘法名阿旺宗哲，意为"语精进"。同年，他于果芒经院毕业，之后又从洛哲嘉措、噶居巴·金巴嘉措、嘉赛麦日干活佛、帕旺喀巴·嘉央扎巴、密宗轨范师次成参坚、鲁本·却吉嘉措诸上师学习密集、大威德、文殊法类之随许法、文殊言教修法指导、大威德近修法等显密经论及修行仪规。他因融会贯通显密教义理论，成绩卓著，而被众僧称为"华秀阿旺格西"。

29岁，阿旺宗哲征得果芒经院堪布的同意，转入拉萨下密宗经院苦修密宗，起初学习密续简注、生圆次第等简要密法，在精通百部大论密院格贵的指导下，学习"密集坛城彩粉画线"、"大威德金刚修供彩粉坛城"、绘制等技艺，然后才逐步转入各种密典的修习。他从密院多杰羌上师学习"生圆两次第""智金刚集学论""胜乐""密集""大威德""那若六法""金刚灌顶法""文殊法类教导""时轮广疏"之教言等密论。学密法4年后，在该院举办的盛大辩经法会上，有来自卫藏、安多、康区等许多著名寺院的众多格西，学者们从显、密两个方面结集问难，阿旺宗哲威仪安详，广征博引，答辩精辟，点滴不漏，圆满获胜，取得了"欧然巴"格西学位。这时他的佛学造诣已达到了较高境界，受到了西藏政教上层人士的赞赏。

格鲁派

金鸡年（1681年），33岁的阿旺宗哲决定离开学法多年的哲蚌寺和下密院，前往格培林山寺静修学法。自此，从33岁到53岁，他在格培林静修圣地潜修整整20年。期间，他师事昌哇巴·彭措勒觉、格隆加央扎巴、智钦·益希桑布、霍尔敏珠尔法王等学习稀有甚深密法多种，又从赛多杰羌上师和洛哲嘉措密宗大师聆习胜乐、密集、大威德十三尊、独勇灌顶、生起次第和圆满次第、时轮圆满次第、八支解、六支解，噶举派的那若六法、拙火定，恩萨巴传出的幻轮、纳塘百法、胜乐铃、密集圣规等诸多密法，尤其向八十高龄的色密法师求学由宗喀巴大师传出、绛白嘉措继承的单传噶丹耳传密法后，在根本上师的指导下，长期实修苦修，终于获得了殊胜成就。从此，他的"嘉木样协白多杰"的密宗法号在佛学界越传越响亮，而比丘法名阿旺宗哲却被人们淡忘了。

嘉木样协白多杰不但学识渊博，且精明能干，德才兼备，在政教方面表现出的才干，逐渐受到西藏政教界的极大关注。金龙年（1700年），六世达赖喇嘛仓央嘉措任命他出任果芒经院堪布职务。他对经院学规、学风等进行整饬、改进、完善，教育僧众严守宗喀巴教规，依律学经修法，在修行次第上规定要按一定程序进行修习，注重德才双修，号召僧伽要做一个闻、思、修兼备的僧人。他培养的学者高僧龙象辈出，盛极一时，遍布甘、青、藏各地，其中有继承第二佛陀教法的赤巴4人，引导众生走善行之道的大喇嘛10人，担任法座住持的善知识者5人，也有卫藏政坛上的实力人物。他还集资修缮寺院、佛殿多处，深得僧众敬仰。在此期间，他著有《五部宗教哲学辩论注释》一书，以后格鲁派各寺学经、讲经、辩经，都以此为主，奉为教本。这段时间他与和硕特蒙古的拉藏汗王交往较密，还担任过拉藏汗的经师。

嘉木样协白多杰在西藏讲经说法、担任堪布之时，西藏政教局势也处于多事之秋，由于形势的变化和政教工作的需要，他也不得不在拉藏汗、达赖、班禅、第巴之间以堪布的身份斡旋。水羊年（1703年），拉藏汗继任藏王后，与西藏地方政府的摄政第巴桑结嘉措发生权力之争，以致发展到兵戎相见的地步。冲突在拉萨正月传召大法会上发生，嘉木样为避免流血事件的发生，挺身而出，调解了双方间第一次武装冲突。木鸡年（1705年）双方冲突再次升级，三大寺执事（包括嘉木样）邀请五世班禅前来拉萨，共同进行调解。拉藏汗表面上谎称返回青海，事实上率兵抵西藏北部那曲重整旗鼓。据说拉藏汗临行之际与嘉木样彼此话别，嘉木样嘱托："你无论去向何处，要维护宗喀巴大师的教法！"为此事，第巴及三大寺的许多僧人认为他倾向拉藏汗，采取威胁和恫吓手段，几次向他施加压力。时隔不久，拉藏汗借机率兵重返拉萨，嘉木样又先后两次奉劝拉藏汗罢兵，但均未奏效。拉藏汗处死了第巴桑结嘉措，掌握了西藏政教大权后，又废黜了桑结嘉措认定、拥立的六世达赖喇嘛仓央嘉措，另立蒙古族出身的伊喜嘉措为六世达赖喇嘛。此事又引起拉萨三大寺的强烈反对。嘉木样以堪布的身份劝说哲蚌寺僧人以宁息事态。总之，在几次事件中，他以自己的声望和堪布身份，从中调解，为缓和矛盾起了一定的作用。后来嘉木样协白多杰发现拉藏汗掌握实权后，排除异己，独揽军政大权，骄横淫威，嗜酒度日，使西藏处于动荡不安的局势中，而作为一个有学问的虔诚佛教徒，他希望西藏有一个安定祥和，各族团结、吉祥幸福的和平环境，当目睹了惊险的政治风云，为权力之争相互残杀，人民生灵涂炭，就连六世达赖喇嘛这样的佛教领袖也成为政治上的牺牲品后，他心灰意冷，毅然放弃了以前终生在西藏圣地弘传佛法的愿望，受青海河南蒙古亲王的迎请，于土牛年（1709年）六月离开拉萨，返回安多，九月底抵达河南亲王府。河南亲王举行了隆重的欢迎仪式，敬献金质曼陀罗、金鞍鞯一套、牛、马、羊、绸缎以及珍宝用具多种，作为供养。

土牛年（1709年），正逢宗喀巴大师在拉萨创建噶丹寺300周年纪念日，嘉木样借此机会，供施二主在甘南夏河为建寺选址。寺址选择在扎西曲吉祥圣地上，这里依山傍水，扎西曲之南林木葱郁，桑科之桑曲（大夏河）从前面绕流而过，据地相文专家观察，此地具有天呈八辐金轮、地显八瓣莲花之瑞象，嘉木样遂遣弟子做了吉祥长净仪式，为建寺做了一切准备工作，作为建寺之开始。翌年，嘉木样亲率弟子到扎西曲滩，举行了隆重的建寺奠基仪式，僧俗参加者达万余人。青海河南亲王首先献出可容纳800人的方形毛毡帐篷一顶，暂代经堂，聚集僧徒300人，分设班级，分别开讲。

金兔年（1711年）三月，河南亲王任工程监工，分派卡加六族运输木料，其他部落出差役，正式动工修建寺院。水龙年（1712年）建成80根柱的大经堂。在河南亲王的资助下，于水蛇年（1713年）至木马年（1714年）两年中建成了大经堂护法殿和嘉木样活佛的拉章（行宫）。火猴年（1716年）建成下密宗学院。这时，拉卜楞寺初具规模，嘉木样也为新建佛寺举行了隆重的开光仪式。

拉卜楞寺，藏语全称"噶丹协智达杰扎西曲林"，意为"具嘉讲修兴旺吉祥右旋寺"，简称扎西曲寺。拉卜楞是由藏语"拉章"（行宫）的谐音转化而来，现在都习惯称拉卜楞寺，后来成为格鲁派著名六大寺院之一。嘉木样成为该寺寺主、第一任大法台。金鼠年（1720年）六月，清康熙帝册封嘉木样协白多杰为"扶法禅师班智达额尔德尼诺门汗"名号，颁赐金册、金印，并准许穿黄马褂。从此，其政治声誉和宗教地位日益提高，后来二世嘉木样被清政府封为呼图克图后，成为甘肃甘南地区佛位最高的大活佛。

嘉木样·华秀·阿旺宗哲于藏历第十二饶迥之金牛年（1721年）二月初五在拉卜楞寺自己的行官中入寂，享年74岁。河南亲王夫妇和拉卜楞寺僧众集献白银1000两，修造银制肉身灵塔，饰以宝珠，供奉于大经堂灵塔殿内，以示敬仰。

一世嘉木样大师一生著作约有140多种、15部。其中主要有《因明疏》、《因明探讨》、《俱舍论疏》、《般若大疏》、《律经注释》、《怖畏金刚解》、《宗派纲目》、《宗派纲目详释》、《五部宗教哲学辩论注释》（为上述显宗五部的总述）、《生起次第自在成就法》、《圆满次第四种瑜伽文殊解》、《大威德教法史》、《佛历表》（为一部佛教简史表）、一百种佛塔《尺度经》等。

松巴·益西班觉
——清代安多额尔德尼班智达

格鲁派

松巴·益西班觉,是青海佑宁寺五大囊①活佛之一,清代蜚声蒙、藏各地的著名佛学家、班智达。

过去在学术界对松巴·益西班觉的祖属和出生地有不同说法。根据《松巴自传》载,其祖上为厄鲁特蒙古四部之一的巴图尔台吉。父亲叫多吉扎西,心地善良,曾学藏文,会读口诵经文,喜行善事。母亲叫准噶尔萨·扎西措,出身于准噶尔贵族家族,性格温和,说话和气,乐于助人,善理世俗事务。松巴·益西班觉于藏历第十二饶迥之木猴年(1704年)八月十五日凌晨出生在青海湖西南面靠近黄河沿岸的托勒地方。这里以前有厄鲁特蒙古右翼驻扎过,是一个呈种种吉祥征兆的地方。以此推断,此地当在今青海省海南藏族自治州贵德县的托勒地方。

松巴·益西班觉兄弟姐妹7人,5男2女,他排行第四。3岁时,他常以喇嘛诵经和讲经的姿势玩耍。有一次,他问父母道:"你们听说过有座叫郭隆的寺院吗?"父母说:"没听说过。"又问:"听说过有位叫森巴的活佛吗?"父母说:"哦,几年前有位名叫森巴的活佛和几位喇嘛从西藏来,路过这里,他们的行李经卷全驮在一匹马上,人困马乏,我家给他们送了一峰骆驼,让他们驮运行李。向宗喀方面去了。"孩子一听就说:"我就是森巴。""森巴"其实指的就是前世松巴。父母为之惊讶。此时,拉卜楞寺一世嘉木样活佛受二世章嘉活佛之托,正在派人四处寻访松巴·罗桑丹白坚赞的转世,当听说托勒地方有位自称森巴的小孩,便派人将孩子带到自己住的帐篷中来。嘉木样活佛问道:"你叫什么名字?"答道:"叫森巴。"问:"从哪儿来?"答道:"从中原来。"问:"是乘马还是步行。"答:"都不是,是凭中阴(圆寂后既未去极乐净土,又未投胎转世叫中阴)而来。"嘉木样活佛又指着前世松巴的弟子格西阿旺程列说:"你认识他吗?"答曰:"认识,他叫程列。"站在近旁的阿旺程列一听,激动得热泪盈眶。他还从摆放在他面前、混放在一起的佛珠中准确无误地拣出前世松巴使用过的旧佛珠和佛像,还说是他自己的,在场的人们无不称奇。嘉木样活佛说:"尽管将'松巴'读为'森巴',但是,他为松巴活佛之灵童,则是毫无疑问。"言毕,将自己的黄缎坎肩披在孩子身上,让他皈依佛门。三世松巴灵童就这样认定了。嘉木样活佛让他的父亲带孩子到塔秀寺去，暂托付给塔秀·曲郡嘉措活佛培养。

金虎年（1710年），由塔秀活佛为松巴·益西班觉剃度出家，授居士戒，赐法名罗桑曲郡。他始学经文读诵，严持佛门戒律。水龙年（1712年），郭隆寺活佛、僧众闻知三世松巴已被一世嘉木样协巴认定的消息后，派寺僧将其迎至郭隆寺，并在松巴囊欠（拉章）中举行坐床典礼。这时，在京供职的二世章嘉活佛寄来训诫、锦缎袈裟、通人冠等礼品，表示祝贺。是年由二世却藏活佛为其授沙弥戒。之后，他从却藏活佛聆习《菩提道导引》，从二世土观活佛受金刚及大威德灌顶法，从华热曲杰·阿旺扎西听受金刚鬘灌顶法，从洛哲嘉措、阿旺旦增等师学习因明学、集摄论等。木马年（1714年）五月二十五日，二世章嘉活佛在蒙古多伦诺尔寺圆寂的消息传到郭隆寺后，他十分悲伤。火猴年（1716年），他专门赴塔尔寺拜谒在该寺的七世达赖喇嘛噶桑嘉措，与此同时，在拉科呼图克图·喜饶群觉座前聆听了几种密续法和修密仪轨。土狗年（1718年）至土猪年（1719年），他在赴藏前从师学习工巧明学，初步学会了绘画各种佛像唐卡的技艺，为学好工巧明奠定了基础。

水兔年（1723年）六月，在嘉色活佛之兄昂加科和贡西活佛等人的陪同下，年已19岁的松巴·益西班觉从佑宁寺启程赴藏深造，经青海湖畔、索罗莫地方、黑河，沿途朝拜了直贡替寺、噶丹却当寺、多杰扎寺等，十月抵达札什伦布寺。经请求，在班禅寝宫中由五世班禅罗桑益西任亲教师兼轨范师，密院堪布任屏教师，在其他堪布和比丘僧中授比丘戒，由五世班禅赐法名益西班觉。受戒后他离开札什伦布寺前往拉萨，在大小昭寺、布达拉宫朝礼供养后，随之进入拉萨西郊哲蚌寺果芒扎仓学经，从该寺堪布阿旺南喀、莫嘉然绛巴加样嘉措等师学习显密经论，背诵果芒扎仓教程中的一切新旧经文。不久，他担任了该扎仓的曲则僧职。任职期间，他先后师事噶丹寺法台阿旺却丹、名僧南喀桑布、扎德格西阿旺却丹及其弟子莫兰隆智、果芒论师丹曲、工布·丹却仁钦、下密院论师夏玛尔·喜饶嘉措、扎巴龙珠、措希·尼玛嘉措、阿里活佛、米图·索南坚赞等十几位上师，系统地学习显密诸论以及医学、工巧明、历算、声韵、文法、绘画等五明论学科。

木蛇年（1725年），松巴·益西班觉朝礼了拉萨地区的许多寺院和名胜古迹，拜访了这些佛寺的活佛喇嘛，对拉萨三大寺做了盛大供养，还从下密院堪布夏琼巴诺门汗、玛哈班智达等名师聆习印度论师、西藏萨迦派、宗喀巴师徒、五世达赖、四世班禅等大师的原著及注释本后，受益颇深。经立宗辩论后，获得了"噶居巴"格西学位。从此，他开始跻身于佛学学者之列。他到西藏的3年间，每逢传召大法会，都立宗辩论，且越辩经验越丰富，辩经才能越加精深，并取得了好名次。显宗学水平达到较高造诣后，他欲入下密院学习密宗法，然而此时经济来源中断，生活困苦，一天仅靠糌粑糊度日，入密院的愿望未能实现，但他仍继续修学、深造显宗诸论，毫不松懈。下密院轨范师夏玛尔·喜饶嘉措，是青海环湖夏玛尔地方蒙古族学者，获悉松巴求学密法的愿望未实现时，主动为松巴传授"怖畏金刚二次第导释""胜乐""时轮""密集""生圆次第""巴日百法"等密宗经论，成为他学习密法的根本上师。同时，他还从色拉寺扎德格西仁钦东珠、青海民和佐毛喀的然绛巴孟兰龙珠二师学习《扎德文法》；向塔尔寺的索南坚赞学习《三十颂》和《音势论》；从咱扎巴隆珠学习梵文、兰扎、乌尔都等文字以及佛塔尺度经和藏文楷书、行书等工艺方面的知识；从第巴桑结嘉措的亲传弟子觉摩隆哇·拉旺第巴和措希·尼玛嘉措学习《白琉璃》《蓝琉璃》及五星算等医学、历算、星算方面的知识。

火羊年（1727年），西藏噶伦阿尔布巴串通阿颇多杰嘉布、扎西嘉布、阿博洛桑等人谋杀掌握实权的噶伦康济鼐（？～1727年）及其亲属和随从，挑起前后藏军事冲突。松巴·益西班觉察觉这是贵族之间的权力之争，耐心地从宗教、世俗、戒律、前后藏团结诸方面进行劝导他的属下僧人，尤其劝导前藏僧人勿盲目参加阿尔布巴的军队。事件平息后，他受到摄政颇罗鼐的称赞，被委任为锡金吉蔡寺堪布（法台），赠给他堪布袈裟及用具；他奉命赴任，一年后返藏。

土猴年（1728年），松巴·益西班觉游学西藏圣地，从拉萨依次朝礼了桑耶、桑日喀玛尔、山南沃喀宗西、曲朗、曲科甲、帕竹等圣地和寺院，之后来到珞隅境内的上乐金刚道场——杂日神山，又转赴下康区康定地方，朝礼了这里的许多寺庙，还曾赴四川普贤菩萨的道场峨眉山朝圣，然后复从康区返回西藏。从土鸡年（1729年），他开始著书立说，撰写了《道情歌·迦陵频伽妙音》和《菩提道次偈颂》等。此时，五世班禅大师为了尽快重建安多几座在罗卜藏丹津反清事件中被毁的大寺，写奏折遣班觉嘉措赴京上呈，正好章嘉和土观二位呼图克图也为此事上书皇帝。三月份，皇帝连下两道圣旨，同意拨银两重建被毁的几座佛寺。金猪年（1731年），雍正帝为郭隆寺和郭莽寺御赐寺名为佑宁寺和广慧寺。是年，松巴·益西班觉经征得摄政颇罗鼐同意后，离开拉萨返乡。临行前，他的根本上师南喀桑布和夏玛尔·喜饶嘉措二人前来送行，师徒情深意厚，依依不舍，含泪而别。他经北路于农历八月初八回到佑宁寺，

格鲁派

驻锡于松巴自己的行宫,寺院为他的到来举行了欢迎仪式和宴会。此后,松巴活佛应佑宁寺活佛之请,先后于火虎年(1746年)、火鼠年(1756年)、金牛年(1781年)任该寺第三十三任、第三十五任、第四十二任法台,前后共十二年,深受寺僧敬重。

松巴·益西班觉回到青海佑宁寺后,将全部精力投于政教事业和为民众谋利益的事业中。他一生学法弘法,著述论说,建树颇多,深受广大僧俗称颂。松巴·益西班觉开始在佑宁寺立宗三天,与嘉定拉然巴、江如噶居巴、尖扎噶居巴几位格西辩经,年轻僧人都观看了这场精彩的辩经。水鼠年(1732年),到日绰山寺住修,为这里聚集的200多名僧人讲传一些班智达的教言、秘诀、宗喀巴师徒关于菩提道次的偈句以及他的上师所传的教法等。这次讲经为松巴·益西班觉初转法轮。

松巴·益西班觉从水鼠年(1732年)始,广转法轮,普施佛法甘露,除在佑宁寺先后做过几次规模较大的讲经灌顶佛事活动外,还常应互助天门寺、花园寺、白扎乩寺等,大通的广惠寺、石城寺、噶丹仁钦林、祁家寺、逊布寺、张家寺,湟中的塔尔寺,湟源的扎藏寺、东科尔寺,乐都的瞿昙寺、药草台寺、羊官寺、龙沟寺,民和的莲花台寺、喀德卡哇寺、弘化寺,门源的朱固寺、仙米寺,尖扎的拉莫德钦寺、安琼南宗寺，海晏的白佛寺、夏玛尔寺等湟水两岸和黄河、环湖一带寺院之邀请前去讲经传法、朝礼佛寺、圣地，为僧俗摸顶赐福。应寺院诚请，他还先后担任过扎西却林寺、周陇寺、德瓦寺、噶丹仁钦林寺、羊官寺、祁家寺、龙沟寺等寺院的法台。另外，他受甘肃天祝、肃南、嘉峪关、张掖、甘固等地的天堂寺、马蹄寺、达那寺（马耳寺）、达果寺（马头寺）、达隆寺、凉州白塔寺和内蒙古阿拉善寺、鄂尔多斯的几所寺院、察汗尔达延齐寺、多伦诺尔汇宗寺等蒙古寺院的邀请，前去讲经传法、摸顶赐福、施法降雨、为人畜治病，广做利益佛教和众生之事。

松巴·益西班觉曾三次赴京朝觐皇帝和拜访章嘉·若白多杰国师。第一次是火蛇年（1737年）正月二十三日，乾隆帝闻悉其学识渊博，下旨召他进京。三月十五日奉旨赴京，四月二十八在皇宫朝觐皇上，献上哈达、佛像和藏香，受到皇帝的礼遇。后赴章嘉府邸拜见章嘉国师，二人谈吐投机，章嘉设宴为他洗尘。在京期间，他协同章嘉国师校勘汉地印刷的藏文经典，乾隆帝赐给他"扎萨克大喇嘛"名号，命为蒙古多伦诺尔汇宗寺法台。五月初，他去多伦诺尔汇宗寺上任，向僧俗大众和蒙古王公、贵族、贝勒、贝子、扎萨克讲经传法。是年十一月上旬，他向乾隆帝请假返回佑宁寺。水狗年（1742年），乾隆帝又下旨召他进京,七月二十九日离开佑宁寺赴京,九月二十三日抵达京城。十月初五觐见乾隆帝,献礼致安。乾隆帝甚悦,回赠哈达等礼物,并赐宴招待。水猪年(1743年),他以水土不服为由,请假还乡。木猪年(1755年),他听说章嘉国师患眼疾,久治不愈,他决定第三次进京看望章嘉国师,于是年十二月抵京,用藏药治好了章嘉国师的眼病。二师每天谈论经文,研究佛教文化和藏族历算、医方明学。章嘉国师很欣赏松巴堪钦的渊博学识,遂给他授予"额尔德尼班智达"(意为宝贝学者)称号。火鼠年(1756年),他离京返青途经阿拉善时,应拉尊达查诺门汗等人之请,担任了阿拉善寺法台。

松巴·益西班觉曾几次经宁夏、蒙古地区去五台山朝圣。金马年(1750年)四月,他从索喀地方启程赴五台山,在五台山朝礼了各寺佛殿,做盛大供养,祈祷以后再来朝礼,八月返回佑宁寺。火猪年(1767年)五月,二次赴五台山朝圣。当时章嘉国师正在五台山修习金刚瑜伽法,他朝礼各佛殿后,去石门寺拜访章嘉国师,章嘉国师要松巴回寺后修持密宗法,并以自己的法名"若白多杰"(意为游戏金刚)赐给松巴堪钦作为修密法号。朝圣毕,辞别国师,经蒙古地区许多寺院讲经授戒后,从天祝天堂寺返回佑宁寺。

松巴堪钦的医学造诣颇深,他曾著有几部关于医学方面的论著,是一位蒙藏医师,多次为许多病患者治病,且药到病除。他在乐都药草台寺传法时,该寺的尕让夏茸活佛、寺僧及周围一些农牧民都患有天花病,危及生命,他开出专治天花病的特效药方,让患者熬药服用,不久痊愈。他对牲畜疫病也有研究。火鸡年(1777年)应鄂尔多斯蒙古王等人之请到那里传法时,他发现当地牲畜染上严重的口蹄疫传染病,经几次试验后,炮制出治这种病的药方,控制住了口蹄疫的蔓延。

修路架桥,又是松巴的一大功德。在清代,大通宝库峡察汗河,藏文称穆曲,水大浪急,常发生人畜被河水冲走之事。松巴和他的侄子及弟子,首先在这一带开辟小路,于水马年(1762年)在察汗河上半段架设了一座石礅木桥,又于金虎年(1770年)在此河下半段出资白银一千多两,修路架桥,供人畜行走。这件事在这一带民众中至今传颂着。

松巴堪钦对佑宁寺的建设也做出了较大贡献。金猴年(1740年)五月,他在佑宁寺下方建成一座大佛塔,同年,由他出资,维修了郭隆日绰和大通夏柯的德吉协智林寺经堂及佑宁寺噶丹孜护法神殿。金鸡年(1741年),他出资购进朱砂抄本《甘珠尔》大藏经一套献给扎西却林寺。水猪年(1743年),他任施主为宝雪图寺建神殿;木鼠年(1744年)神殿建成后,又出资塑造宗喀巴师徒三尊药泥金身;

格鲁派

在佑宁寺日绰神殿前又建了一座静修院。土蛇年（1749年）夏，大通夏柯诺门齐的噶丹德钦林（诺木齐寺）大经堂建成，他出资油漆彩绘大经堂，在门廊绘制壁画。木狗年（1754年），由他和侄子二人出资，为佑宁寺僧众制作佛龛，并绘画、油漆。他在佑宁寺大护法神殿左右两侧又建成两座小护法神殿。火狗年（1766年），他又装潢了佑宁寺大经堂，绘制壁画。总之，他将广大施主，尤其蒙古族施主给他的供养和布施，几乎都用在寺院建设和公益事业方面，自己留存甚少。

松巴堪钦在学法、弘法的同时，亦十分注重修行。他曾先后在贤巴林寺、代同的索卡尔山寺、乐都北山的隆噶尔山丹林寺和自己的日绰山寺分期修持显密正法，专心修习智慧禅定，出现了证悟，并出现了许多奇异现象。

松巴堪钦是一位精通大小五明论、蜚声蒙藏地区的佛学界泰斗、佛学家和史学家，一生著述有9函，67卷册。其中，较著名的有《如意宝树史》（又称《松巴佛教史》）《青海史·奇妙梵曲》、《世界广论》、《噶丹新历算》、《医学四续难题》、《药物识别略述》、《药物异名》、《医书母子三部》、《藏文正字学》《诗学藻词》《修辞》《法行宝》《法行集要》、《中观、般若、俱舍之钥》、《四续护摩仪轨》、《智慧库钥匙》、《密宗要义》、《祈雨法类》、《自传》、《佛像、佛经、佛塔尺度经注疏·美丽花鬘》等。

松巴·益西班觉于藏历第十三饶迥之土猴年（1788年）二月初十早晨，在大通夏柯日绰协智林山寺中双足呈跏趺坐，口诵经咒而示现圆寂，享寿85岁。遗体在当地火化，火化后出现了一些舍利子。三月初八，其灵骨、骨灰及舍利子被全部迎回佑宁寺，装入用柏木制作的一座小型菩提灵塔，彩绘镀金，供奉在佑宁寺。后来为了纪念这位佛学界泰斗，又专门制作了一座旃檀木的天降塔，塔外部为银制裹壳，上嵌宝石，再将柏木菩提塔奉安于天降银塔中，供于寺内。

注释：

①囊：青海佑宁寺将活佛府邸（行宫）习惯称囊或囊欠，即拉章或拉让的另一种称法。佑宁寺有五大囊（五大活佛行宫）和九小囊之说。

章嘉·若白多杰
——清代国师三世章嘉

藏传佛教五大教派名僧传

　　章嘉·若白多杰，意为"喜金刚"或"游戏金刚"，为该师密宗法号，沙弥名号为阿旺却吉扎巴丹白坚赞，比丘法号为释迦格隆益西丹白仲美，简称益西丹白仲美。他于藏历第十二饶迥之火鸡年（1717年）正月初十诞生在甘肃凉州（今甘肃省武威地区）西莲花寺附近一牧民家庭。其家族原系青海湟水流域祁土司的属民，故其族属有土族之说。又因其父亲祁家仓巴·古如丹增举家迁往凉州放牧，遂落籍于当地藏族部落，故其族属有藏族之说。

　　二世章嘉于木马年（1714年）圆寂后，经二世却藏洛桑丹白坚赞（1652～1723年）预示二世章嘉在佑宁寺西北方向转世，佑宁寺高僧便到甘肃天祝、凉州一带寻访，终于从凉州西莲花寺附近找到灵童，并经佑宁寺与一世嘉木样协白多杰初步认定后，报告了在京供职的二世土观活佛阿旺却吉嘉措，同时向五世班禅罗桑益西报告了灵童的情况。根据报告所述，五世班禅认定其为二世章嘉的转世灵童。在京的土观活佛也上奏清廷，获得康熙帝的批准。金鼠年（1720年），灵童被迎至佑宁寺章嘉活佛院举行坐床典礼。由二世却藏洛桑丹贝坚赞为章嘉灵童剃度出家。7岁时，他从二世却藏受沙弥戒，法名阿旺却吉扎巴丹贝坚赞，从前世弟子阿旺洛桑却增学习文字拼写。

水虎年（1722年），康熙帝驾崩，雍正帝即位，青海和硕特亲王罗卜藏丹津乘机发动反清叛乱，佑宁寺、广惠寺等寺院的一些喇嘛参与叛乱，青海局势十分紧张。水兔年（1723年），清政府派抚远大将军年羹尧、奋威将军岳钟琪率兵进行镇压，将佑宁寺、广惠寺等寺院付之一炬，杀僧俗千余人，寺院附近的十八个村庄也被焚毁，其他许多寺院亦受株连。战乱之前，三世章嘉被本寺僧人带到今浩门河（原藏语名为"居拉曲"）上游密林中的一处岩洞中避难。这时雍正帝突然想起三世章嘉活佛的安危，即下旨命年、岳二将军速迎请三世章嘉进京，不得有分毫伤害。年、岳二人接到圣旨后，立即派人寻找，几经周折，终从浩门河找回三世章嘉活佛，带到西宁。在西宁期间，三世章嘉活佛出了天花，清军请名医治疗；病愈后，年羹尧与地方官员设宴祝贺，奉为上宾。当年，遵雍正帝之命，清军将三世章嘉若白多杰护送至北京。

年仅8岁的三世章嘉到京后，先驻锡于旃檀寺（雍和宫），雍正帝让二世土观活佛阿旺却吉嘉措负责照料生活，并教给他朝廷的各种礼仪，后移居于嵩祝寺。雍正帝不仅让三世章嘉若白多杰师事二世土观学习佛学显密经论，还命他与皇四子弘历（即后来的乾隆帝）等皇子一起读书学习。几年之后，若白多杰不仅在佛学方面很有造诣，而且通晓了藏、蒙古、汉、满几种语言文字，还与比他大6岁的乾隆帝结下了较深的同窗之谊，为他今后的佛教地位奠定了基础。乾隆帝在学习汉、蒙古、满文字的同时，也跟土观活佛学习藏语、藏文。

后来，由二世土观主持，为三世章嘉若白多杰举行了坐床典礼。他在嵩祝寺登上了前世章嘉的法座，正式继承了章嘉世系的法座。从此，三世章嘉拜噶钦·喜饶达杰为师，学习显密诸论，钻研佛法精要。在10余年间，他专心致志，坚持不懈地广闻佛法，系统地学习了印度"二胜六庄严"论师所著的主要经典，以及宗喀巴大师在显密方面的主要论著，修习了密宗许多本尊的深广教法，认真领会贯通密宗的精髓，严格遵循修习次第，恪守戒律，经修证生起圆满二次第见解，尤其研习宗喀巴所著中观学派的"缘起性空论"后，他深有感触地说："自佛教传入雪域后，历代佛学家对龙树、佛护、月称的中观论进行过研究，但仅做了些表面文字的注释工作。而将《中观论》融会贯通,变成自己的佛学思想体系的只有宗喀巴一人。"由此说明若白多杰对中观论学说的研究也达到较高的程度。他还著述了《入中论注疏·首次发心》一书,阐明自己的观点。

金猪年(1731年),清政府扩建内蒙古汇宗寺。完工后,雍正帝让三世章嘉若白多杰主持此寺,并为之撰写了碑文。文中称道:"章嘉呼图克图呼毕勒罕(即转世灵童)主持兹寺,集会喇嘛,讲习经典,广行妙法,蒙古汗王、贝勒、贝子、公、台吉等,俱同檀越住持,前身后身,敬信无二……"字里行间,表露出对三世章嘉活佛的推崇和信任。水虎年(1734年),三世章嘉若白多杰刚满18岁,雍正帝依前世章嘉活佛之例,正式封三世章嘉若白多杰为"灌顶普惠广慈大国师",颁赐金册、金印,金印重约八十两。

是年(1734年)八月,三世章嘉若白多杰奉雍正帝之命,前往康区泰宁(今四川省甘孜藏族自治州道孚县)惠远庙,迎请因避准噶尔乱事而移居那里的七世达赖喇嘛返回拉萨。同年十一月二十三日到达干宁泰宁寺(此时,七世达赖喇嘛已从惠远庙移居到泰宁寺),会见七世达赖喇嘛。之后三世章嘉活佛从七世达赖喇嘛聆听了"胜乐"密法。这是七世达赖喇嘛第一次为广大僧众传授"大灌顶"法,也可以说是三世章嘉活佛打开了七世达赖喇嘛事业之门的良好缘起。在泰宁寺经章嘉活佛的请求，七世达赖喇嘛在长达29天中给他连续讲授了《二大乘师的道规》、五世达赖喇嘛著的《文殊师利教诲经笔记》等密宗经论。三世章嘉亲自担任七世达赖喇嘛讲经的复诵师，使七世达赖喇嘛感到十分高兴，之后又传授了《大勇知母修定法》《六光明白度母随许法》及其修习方法，使三世章嘉活佛在修习密宗方面又进了一大步。三世章嘉活佛奋笔写下了《鼓励自他学法之金玉良言》一文，以颂七世达赖喇嘛传法的恩德。同时，三世章嘉活佛还聆听了七世达赖喇嘛的密宗经师、噶丹寺第五十四任大法台阿旺却丹（1677~1751年，今青海省尖扎县人）《菩提道次第坦途教授——发心供奉》、《金刚怖畏教授》、《密集生起次第——成就海教授》、《五次第灯论讲义》、《集续四合大疏》的后一部等密宗教授，与阿旺却丹结下了法缘。

木兔年（1735年）三月，七世达赖喇嘛在副都统福寿和三世章嘉若白多杰等人的护送下，经康区南部之雅江和理塘等地至拉萨布达拉宫。在拉萨期间，三世章嘉活佛继续从七世达赖喇嘛和阿旺却丹学习了许多显密经教，对三世佛[①]悟证的唯一大道、《般若经》的深奥意义、阿底峡的思想精华、宗喀巴的无比美妙佳言善论，都达到了通达明了的境地，心瓶满溢，具有了与众不同的独到见解。

格鲁派

木兔年（1735年）十月初八，三世章嘉活佛一行抵达后藏札什伦布寺，并于次日拜见了五世班禅罗桑益西大师。十月十三日，五世班禅大师为三世章嘉活佛授了近事戒和沙弥戒。十七日吉辰，三世章嘉活佛身披无量光袈裟，由五世班禅大师任亲教师，在四大经师等10个足数比丘之中，授予具足圆满戒（比丘戒），赐比丘法号"释迦格隆益西丹白仲美巴桑布"，简称益西丹白仲美。随后五世班禅大师亲自向三世章嘉活佛传授了"威猛药义兄妹护法之随许法"及单独密传了甚深密法。

当三世章嘉活佛正在札什伦布寺向五世班禅闻习佛法之时，雍正帝驾崩的消息传至西藏，三世章嘉活佛便离藏返京，朝见了刚登基的乾隆帝。乾隆帝对章嘉奉旨护送七世达赖喇嘛安全返藏，圆满完成这一使命而感到十分满意。火龙年（1736年）十二月二十一日，下令由三世章嘉呼图克图掌管京师喇嘛教事务，赐给"管理京师寺庙喇嘛扎萨克达喇嘛"印一颗，之后屡加封赏，倍加尊崇。水猪年（1743年），又赐给御用金龙黄伞一把。

三世章嘉若白多杰由于通晓藏、蒙古、满、汉等几种语言文字，且佛学知识广博精深，又擅长佛经翻译，译文通畅流利，所以他一生曾为皇帝两次翻译编纂大藏经，另译了许多蒙古族和满族僧人常用的显密经典，为使藏传佛教在东北地区和蒙古地区广泛传衍而做了别人无法代替的大量工作。

土马年（1738年），乾隆帝下诏说："如今佛教盛兴于蒙古，先前遵照圣祖之命已将《甘珠尔》译成蒙古文刊行，然而蒙译全本《丹珠尔》前所未见，章嘉呼图克图宜主此事，将所有诠释佛语的经论翻译成蒙古文。"于是三世章嘉活佛同在京的二世赛赤洛桑丹白尼玛商议后，为了翻译词汇的统一、厘定，首先由三世章嘉活佛依《丹珠尔》大藏经的内容编成了蒙藏对照分类词汇《正字学·智者之源》一书，然后以他和赛赤呼图克图为主译，其他一些精通佛典的高僧大德和通晓蒙藏两种文字翻译的译师参加，于金鸡年（1741年）四月十五日开始了蒙译《丹珠尔》大藏经这一浩大工程，至次年（1742年）十一月十五日全部译完，进呈乾隆帝审阅。乾隆帝大喜，即命内府刻印，散布蒙古及东北各地。乾隆帝又对翻译人员赐予重金和物品作为酬谢，七世达赖喇嘛也从西藏致函表示祝贺。

另一项译经工程是将《甘珠尔》大藏经的主要部分以及藏、汉文论著注释译为满文。三世章嘉约于金兔年（1771年）开始，组织译师进行翻译。每译完一卷，均由三世章嘉详加对照校审，并逐卷进呈乾隆帝审阅。经过多年的辛勤劳动，终于完成了这项艰苦而光荣的任务，为广大满族

格鲁派

僧人学习佛法提供了方便。

当时清朝处于盛世时期,除组织人力物力翻译大藏经及其他一些重要典籍外,还编纂了一些大型辞书。三世章嘉亦参与了这些工作,如协助庄亲王修定《钦定同文韵统》,两册六卷;编纂《御制满汉蒙古西番合璧大藏全咒》(四体合璧清文鉴),此书编成后共85册,分装9函;为使乾隆帝和臣民识别佛像而编绘《诸佛菩萨圣像赞》《喇嘛神像集》;收集佛教先圣及诸天等像300幅;厘定《造像度量经》等,为佛教文化在民族间的交流做出了贡献。

在清代,广建寺庙,御赐寺名、匾额,册封国师、呼图克图、禅师、诺门汗、扎萨克达喇嘛等僧职是清政府采取的怀柔政策。乾隆帝的"修一庙胜用十万兵"一句话道出了他们这样做的最终政治目的。当时在朝廷先后供职的二世、三世章嘉,土观,二世赛赤等活佛依皇帝圣意,在这方面做了大量工作。如三世章嘉不但建成京师的噶丹兴秋林寺(即雍和宫的藏语寺名),还协助皇帝监修妙应寺、普渡寺及供满族僧人出家之正觉寺、梵番寺、功德寺、永漠寺、隆福寺与热河之布达拉寺等九大寺,由其订立管理制度,还同乾隆帝一道举行开光典礼,另有河北承德地区的外八庙②,都凝结着章嘉活佛的心血。此外,在罗卜藏丹津反清事件中被清军焚毁的寺院,经三世章嘉和二世、三世土观及五世班禅的再三请求，皇帝准许重建，还为塔尔寺御赐梵教法幢和"梵宗寺"寺名，赐金银灯、曼札、供器等。

金羊年（1751年），乾隆帝为三世章嘉颁发"振兴黄教大慈大国师"印，并赐镶嵌有珍珠的帽子一顶及其他物品多件，同时下谕说："尔可依照前世，主持黄教。"

三世章嘉活佛在乾隆帝处理朝廷与地方及蒙藏关系中起了很好的参谋作用，做了不少有益工作，而且富有成效。金马年（1750年）十月，颇罗鼐的次子珠尔墨特那木札勒任西藏摄政时，与驻藏大臣发生了尖锐的矛盾，还联络准噶部作乱。乾隆帝降下密诏："此人不可留，应剪除。"于是驻藏大臣傅清和帮办大臣拉卜敦将珠尔墨特那木札勒诱杀，傅清和拉卜敦亦被珠尔墨特那木札勒的党羽所杀，驻藏大臣公署亦被焚毁。乾隆帝因此大怒，在平乱之后制定《酌定西藏善后章程十三条》时，决定要在西藏建立汉式官制，设置总署，派一名提督领兵一万驻防，同时在西藏各地设置道、府、州、县，一切事务由汉官处理，废除郡王制。三世章嘉活佛认为这种做法不适宜于西藏地方，因此犯颜直谏。在他的恳劝下，乾隆帝收回了成命，将西藏地方权力交给了七世达赖喇嘛，成立噶厦政府，由噶伦三俗一僧执政的组织机构，受达赖喇嘛和驻藏大臣的领导，废除郡王摄政制度。这一做法也被写进了《酌定西藏善后章程十三条》中，从此成为定制，对后来西藏地方的稳定与中央政府的管理等起了很重要的作用。

七世达赖喇嘛圆寂后，三世章嘉奉旨进藏主持认定转世灵童，他通过六世班禅认定后藏托布嘉地方出生的强白嘉措为八世达赖喇嘛。但同时前藏也按神谕认定一个灵童，对后藏的灵童拒不承认。此事惹得乾隆帝很恼火，命令驻藏大臣将前藏灵童寻访负责人押送京师治罪。三世章嘉活佛敏感地意识到这件事涉及佛教灵童寻访认定的程序、仪轨及制度，情况比较复杂，处理不好会引起前后藏的矛盾，便想了一个在转世灵童中常用的圆满之策，建议乾隆帝下旨，将前藏寻访到的灵童送到后藏札什伦布寺做六世班禅的侍从喇嘛，这样前藏的僧人也会心甘情愿。乾隆帝认为有理，便采纳其建议，从而有效地平息了一场风波。如此事例，举不胜举。

三世章嘉国师曾往返于京城至青海途中，几次赴五台山朝圣修习，常驻于他的属寺镇海寺。火猪年（1767年）夏，他到五台山朝礼，并闭关静坐，历时数日，修习甚深金刚瑜伽法，然后回到北京。金牛年（1781年），乾隆帝与三世章嘉国师赴五台山，在菩萨顶举行祈愿法会时，乾隆让三世章嘉与他同坐一个坐垫，并说："与三世章嘉呼图克图同坐在朕之座位上，朕便觉安乐。"由于乾隆帝以及他所代表的清王朝对三世章嘉国师极其尊崇，京师百姓也很信仰三世章嘉国师，一听到三世章嘉国师的黄幔车出入紫禁城东华门时，信民就将手帕铺在车轮前，希望车轮压过，以赐吉祥；要是到蒙古地区讲经说法，前来请求摸顶的信民更是人山人海。

藏历第十三饶迥之火马年（1786年）四月初二午后，三世章嘉若白多杰在五台山圆寂，享年70岁。乾隆帝获悉三世章嘉圆寂的噩耗后，悲恸欲绝，派人送去用50两黄金做成的曼札、内库哈达百条、线香百束等，并拨银1500两作为做超荐法事的费用送往西藏，还在京城用7000两纯金制作一座金塔，上嵌无数宝珠，六月二十四日派大臣送往五台山，将遗体安放到塔瓶内。按三世章嘉生前指定，僧众在镇海寺永乐院中，挖到深处石岩层后，在石岩中深凿了一个石窟，将金塔置于石窟内深葬，上面建造了一座大石塔，内装三世章嘉的一些遗物。这就是有名的镇海寺石塔。

三世章嘉若白多杰一生除编纂辞典、翻译大藏经外，自己的著述也颇丰，约计有170多种，主要有《教派建立论·佛教须弥妙庄严》《正字学·智者之源》《七世达赖噶桑嘉措传·如意宝穗》《噶丹赤钦·阿旺却丹传》《甚

格鲁派

深中观修习明炬》、《入中论注疏·首次发心》、《密集圆满次第指导》、《旃檀觉卧史》、《圣地清凉山志》(亦名《五台山圣迹志》)等,其中《教派建立论》一书是他的代表作。

注释:

①三世佛:指过去、现在、未来三世之佛。过去佛指迦叶诸佛,寺院塑像中一般特指燃灯佛,现在佛为释迦牟尼佛,未来佛为弥勒佛。

②外八庙:也叫外八寺,为今河北省承德避暑山庄(热河行宫)的东面和北面环布的藏传佛教寺院的总称。从清康熙五十二年(1713年)到乾隆四十五年(1780年)陆续兴建。现存七座,即溥仁寺(1713年建)、普宁寺(1755年建)、安远庙(1764年建)、普陀宗乘庙(1771年建)、殊象寺(1780年建)、须弥福寿寺(1780年建)。原有罗汉堂,已毁。因承德在长城以外,故称外八庙,山庄内还有内八庙。外八庙中的普宁寺仿西藏桑耶寺修建;普陀宗乘庙仿拉萨布达拉宫修建,故又有布达拉寺之名;须弥福寿庙仿后藏札什伦布寺修建;安远庙仿新疆伊犁固尔扎庙修建,建筑形式及塑像、壁画都融汇了藏、蒙古、汉等民族的艺术风格。清代乾隆以后的诸帝,常于夏季在此处驻跸,届时接待蒙古族和藏族的佛教领袖人物。

嘉木样·官却晋美旺布
—— 二世嘉木样呼图克图

格鲁派

二世嘉木样官却晋美旺布，于藏历第十二饶迥之土猴年（1728年）三月初八生于安多昂拉赛康尖巴昂（今青海省尖扎县昂拉乡尖巴昂村）地方。父亲名阿旺南嘉，是尖扎地区头人；母亲名索南吉。父亲有兄弟8人，大伯父阿旺索南嘉措是青海湟源东科尔寺第五世活佛。

5岁时，官却晋美旺布从道·诺日嘉措上师受居士戒，6岁从格西却加·东珠嘉措剃度出家，之后向僧舅格隆·罗哲嘉措学习藏文。7岁，他被送到湟源东科尔寺，与伯父索南嘉措住在一起，伯父给他取名郭拉，继续学习藏文文法、正字学等。伯父给他授了沙弥戒，并教授一些常用经文。此时，他就已开始练习写作，曾写了《二胜六庄严》《文殊法师赞》几篇赞颂经文，为以后的著述打下了基础。

水猪年（1743年）七月十二日，主持拉卜楞寺嘉木样活佛转世事宜的德哇仓·罗桑东珠等认定他为一世嘉木样之转世灵童，将其迎至拉卜楞寺举行坐床典礼。随后，他拜江若·阿旺丹增为师，学习因明、般若、戒律等经论。土蛇年（1749年），二世嘉木样闻知在京供职的三世章嘉活佛回佑宁寺，便带侍从抵佑宁寺拜见三世章嘉活佛，由三世章嘉教授经法，并授比丘戒，赐法名"官却晋美旺布益西宗哲扎巴"，简称"晋美旺布"。后来，他在从隆务寺麦日甘却杰等师学习有关显密经论的同时，还学习了诗学、文法、修辞、音韵、声明、工艺（工巧明）等五明论文化学科。在显密经论和五明论文化知识方面有了一定基础后，他在经师和伯父索南嘉措的鼓励下，赴藏求学深造。

水猴年（1752年）六月，晋美旺布到西藏后，进入哲蚌寺果芒经院等处师事桑杰多吉大师和鲁本格西·洛桑达杰、喜饶僧格等学习《中观论》《俱舍论》《现观庄严论》《戒律论》《释量论》等经典及天文历算学知识，还从七世达赖喇嘛噶桑嘉措和六世班禅罗桑贝丹益西二位上师学习有关注疏论和大威德二次第等经典，并从萨迦等地的学者闻习了不少显密教诫。他在藏学经8年，最终通达五论、四续要旨精髓，尤精以时轮金刚修法，在桑普寺辩经后获得"噶居巴"格西学位。32岁完成学业后，他于土兔年（1759年）五月二十三日，启辔东返。临行之际，西藏地方政府给他颁赐印信，赐封"具善明教班智达诺门汗"称号，并赐赠服饰、伞盖、乐器、乘骑等堪布的全副用具及氆氇。这实际上说明包括七世达赖喇嘛在内的西藏地方政府对嘉木样活佛转世系统的认可及对二世嘉木样的高度信赖,提高了他在藏、蒙古族僧众中的威望。九月十五日,僧众数千人列仪仗队将其迎至拉卜楞寺。次年(1760年),晋美旺布荣任拉卜楞寺第十一任大法台,继而对本寺的修习体制、修习仪轨等进行修改、完善。木鸡年(1765年),因佑宁寺三世土观洛桑却吉尼玛活佛应乾隆帝之召,要去京城供职,佑宁寺缺少得力法台,故佑宁寺再三坚请二世嘉木样担任佑宁寺第三十七任法台。他在主持该寺讲经弘法两年后,又应塔尔寺之请,担任了塔尔寺第三十任法台,其间为寺院撰写了《显宗学院清规·白莲鬘》寺规,交给格贵僧官执掌,以此治理寺院,约束僧人。他还新建学习菩提道次的"噶仁巴"班级,形成春季后期、夏令安居法会上考核摄类学的定例。他在大护法神殿迎请事业明王护法神,又在塔尔寺修建了自己驻锡的行宫——嘉木样嘎尔哇。在塔尔寺任法台3年期间,他广泛参考该寺的一些资料及前任法台(四任法台)所撰寺院志,撰写了《塔尔寺志·珍珠鬘》一书。此书史料详实可信,是一部研究塔尔寺历史不可多得的珍贵史料。

二世嘉木样成名后,在几座大寺中担任法台的同时,应蒙古许多地方的王公贵族和寺院之敦请到各地寺院讲经弘法，摸顶授戒。土牛年（1769年）四月，他从青海赴内蒙古，先后到呼和浩特、杜伯特、多伦诺尔、热河、土默特等地为僧俗摸顶赐福，授戒传法，满足心愿，后又应请到阿鲁科尔沁、扎鲁特左右旗、蒙古尔津等地，为当地王公、贝子、僧俗大众讲经、摸顶。在察汗达因齐活佛的请求下，他撰写了《七十真义论摘要》赠给他们。尔后二世嘉木样又应请赴苏尼特左右旗、鄂尔多斯、阿拉善等地广转法轮，弘传格鲁派教法。他在蒙古四十九旗讲经传法，在蒙古上层人士和广大僧俗中产生了深远影响，后来蒙古许多寺院的活佛、喇嘛到拉卜楞寺求学深造者逐年增多。

水龙年（1772年），乾隆帝派特使到拉卜楞寺敕封二世嘉木样为"扶法禅师班智达额尔德尼诺门汗呼图克图"名号，颁赐金册、印鉴，大大提高了嘉木样活佛世系的社会地位和政治声誉，使其跻身于呼图克图之行列。

返回拉卜楞寺后的10余年中，二世嘉木样在寺内修建了时轮经院和医药经院以及佛殿、活佛府邸等40余座。因僧人逐年增多，他又将原80根大柱的经堂扩建成140根明柱、可容纳3000僧众同时诵经的大经堂。火鸡年（1777年），扩建大经堂的工程即将竣工时，乾隆帝为表示祝贺，御笔亲题的汉、藏、蒙古、满四种文字的"慧觉寺"匾额一块。经院和经堂建成后，拉卜楞寺确立了以显、密

格鲁派

二宗之修学为主,以医学、历算、诗词、音韵、书法、声明、工巧明、雕版印刷等为辅的修学制度,建立了各经院考试制度,设立了"多仁巴"学位制度。除此之外,正月十四日之跳神、七月初八之"米拉日巴劝法会"以及阎曼荼罗镇崇法等法事活动亦随之确立,形成定例。而所谓"拉卜楞寺属下108寺",也是在这一时期由二世嘉木样主持、组织扩建和新建起来的。各寺下属的藏族部落,随其寺主都归拉卜楞寺管辖,使拉卜楞寺的势力由原来的大夏河流域扩展到甘、青、川等地区,成为诸寺之母,从而成为今甘肃境内藏传佛教寺院中最大的政教合一寺院。

水兔年(1783年),二世嘉木样再次赴藏。他首先朝礼大小昭寺和拉萨三大寺,赴布达拉宫谒见八世达赖喇嘛,后赴札什伦布寺,拜见刚坐床不久、年仅4岁的七世班禅罗桑丹贝尼玛。七世班禅给二世嘉木样惠赐了先辈六世班禅的服饰一套、全集著作和生前收藏的《甘珠尔》大藏经、数十尊佛像、唐卡,还有伞盖用具等。二世嘉木样感激万分,撰写了《六世班禅传》,以示感谢。

在藏期间,二世嘉木样广泛交结西藏上层人士,建立施供法缘,受到西藏地方政府和驻藏大臣的热情款待。同时,他还广泛收集珍奇经典,对一些稀有经卷进行了抄写,共搜集佛经万余部。火马年(1786年)底,他携带佛经返回拉卜楞寺，将佛经全部献给寺院。故拉卜楞寺以藏书十万卷而著称于世。

土鸡年（1789年）五月，二世嘉木样又应青海夏琼寺僧众之请，任夏琼寺第四十三任法台，开始为僧众讲授《菩提道次第广论》经典。他还撰写了《吉祥金刚怖畏幻轮念诵仪轨·甘露水滴》一书。此书被定为该寺聚诵经典之一。护理寺院三年后，他因身为拉卜楞寺寺主，佛事繁忙，便委任卸任堪布东尤夏茸代理堪布事务。藏历第十三饶迥之金猪年(1791年)十月二十七日，二世嘉木样返回拉卜楞寺，途经化隆甘都东麻昂寺时示现圆寂，享年64岁。他临终嘱托土观大师及襄佐达尔罕德王善慧二人代理拉卜楞寺政教事务。遗灵由阿莽班智达和弟子迎请回寺，修建真实法体灵塔，供于灵塔殿内，以示尊崇。据载，东麻昂寺也制作了一座灵塔，将嘉木样的部分灵骨装入塔内，供奉在寺中。

二世嘉木样继承一世嘉木样的事业，终生跋涉，弘扬佛法，足迹遍履前后藏、安多、康巴、内蒙古东部诸地，声誉甚高，弟子众多，其中得意门生就有30多位，如堪钦·格敦嘉措、隆多智旺、阿里活佛、三世土观却吉尼玛等知名高僧。

二世嘉木样著作共有76卷（册），主要有《一世嘉木样传》、《章嘉·若白多杰传》、《六世班禅罗桑贝丹益西传》

(上下卷)、《根邦钦布·俄昂罗桑传》、《小哲雅仓活佛格桑图旦旺秀传略》《塔尔寺志·珍珠鬘》、《噶丹教法史拾遗》、《卓尼〈丹珠尔〉目录》《入中论之探讨》《宗派论述宝鬘》、《般若八品之探讨摄要》、《翻译善逝教义论疏部全集目录如意宝珠》等。这些著作皆有拉卜楞寺木刻版，且收藏于拉卜楞寺藏经楼。其中，《塔尔寺志·珍珠鬘》与五世赛多著的续志《塔尔寺志·悦耳精英》合为一函，由塔尔寺印经院刻版后收藏于该寺院；《翻译善逝教义论疏部全集目录知意宝珠》于1773年成书。

土观·洛桑却吉尼玛
—— 三世土观呼图克图

格鲁派

土观·洛桑却吉尼玛，意为"善慧法日"，是清代乾隆年间甘、青、蒙古等地区的著名史学家、文学家和佛学家。他于藏历第十二饶迥之火蛇年（1737年）十一月初七生在凉州地区的彭措沟（今甘肃省天祝藏族自治县松林乡），族属为扎德藏族，父名扎德华加杰，母名哇日萨曲措吉。

水狗年（1742年），6岁的洛桑却吉尼玛被认定为前世土观①罗桑却吉嘉措之转世，被迎至佑宁寺坐床，后从德古·格鲁嘉措、玛藏小论师洛桑却增等学文习字，攻读经典。火兔年（1747年），洛桑却吉尼玛在松巴·益西班觉总法台处受戒出家，并加入经院学法，因其聪颖过人，学习成绩出类拔萃。

19岁，洛桑却吉尼玛赴卫藏，朝见了七世达赖喇嘛噶桑嘉措。四月法会期间，他至哲蚌寺果芒经院拜会二世嘉木样活佛，并从其学法；在贤巴活佛处学习《文殊口谕》

及《菩提道次精要》等深奥教诫,多次聆听"胜乐""密集"和"大威德生圆二次第"的讲解。火牛年(1757年),他受具足戒,是年21岁。尔后,他与前来卫藏的三世章嘉若白多杰相识,拜师学法,聆听许多教诫,并从六世班禅罗桑贝丹益西、达浦·协白多杰、央贡欧然巴、智拉堪钦益西丹仲及巴日·阿旺端智等师学习教诫。土兔年(1759年),他由西藏噶厦任命为夏鲁寺堪布,又在萨迦达钦·贡噶洛哲处学习多种深广经义。这期间,他为众格西讲授《菩提道次第疏释》等。西藏地方政府噶丹颇章授给他"额尔德尼诺门汗"僧职,并赐大小印章、袈裟、法螺、旗牌等。25岁,他返回安多,依松巴·益西班觉之命,任佑宁寺第三十六任法台,继承先规,倾心尽力,经营寺刹,使该寺讲学风气日盛。水羊年(1763年),接到清乾隆帝诏谕赴京。行前,他迎请二世嘉木样大师出任法台。

土观·洛桑却吉尼玛于水羊年(1763年)进京,觐见了乾隆帝和章嘉·若白多杰大师,并同章嘉大师一起学习佛法,帮助其管理在京喇嘛事务,任掌印喇嘛,御前常侍禅师等职,颇受乾隆帝的赏识,赐"静悟演师"之号。在京期间,他参与了章嘉大师主持的《四体清文鉴》《丹珠尔》大藏经满文版的编纂和翻译工作,成绩卓著,因而深受清廷及僧侣界的敬重。土鼠年(1768年),乞请皇帝恩准,返回故里。不久,他再次进京。水蛇年(1773年),他返回佑宁寺,应邀出任了夏琼寺第四十二任法台,期间他出资重新油漆佑宁寺大经堂,铸造一尊高达一人身量的释迦牟尼铜像,绘制释迦牟尼十二宏化卷轴画,迎请德格版《丹珠尔》大藏经一套等,耗资5万两白银修建一座藏经殿。土鼠年(1789年),他赴任塔尔寺第三十五任法台,在塔尔寺建了土观府邸(嘎尔哇),五年后即水牛年(1793年)卸任后,又任佑宁寺第四十四任法台。木兔年(1795年),三世土观呼图克图依二世土观的遗嘱,在前世坐禅修持过的禅室墙壁上,嵌装了千尊阿閦佛的塑像,佛像间隙又镶嵌观音菩萨普度六道众生的传说画和约8岁儿童身量的三十五佛的香泥塑像。他新建了华严寺的大经堂、供堂和护法殿等,在依怙殿里塑供了一尊一人高的吉祥怙主神像和四尊明妃像,同时建造了甘珠尔经堂等许多净房。他亲自主持举行了开光仪式,取名"德庆曲林",自此华严寺成了佑宁寺属寺。

土观·洛桑却吉尼玛晚年隐居佑宁寺,潜心著述,于藏历第十三饶迥之水狗年(1802年)圆寂,享年66岁。

土观·洛桑却吉尼玛通晓汉、蒙古、藏等文字,著述颇丰,主要著作有《三世章嘉·若白多杰传》《土观宗教流派镜史》《佑宁寺志》《喇钦贡巴饶赛传略》《噶丹派美饰诗集·珍珠束》《阿旺曲吉嘉措传记》《智者珍藏篇》《教法史·入佛教之海巨舟》《绘画和佛像建造卷帙·稀有游艺》等共15函，木刻版5746叶（一叶为两面），均颇有价值和影响。其中，《土观宗教流派镜史》一书内容详实，为研究藏传佛教的重要参考典籍，颇受中外学者的重视。

注释：

①土观：为青海佑宁寺主要活佛系统之一。一世土观罗桑拉丹，出生于今青海省湟中县李土司家，故称"土官"，后改"土观"；二世土观阿旺却吉嘉措（1680~1736），土族；四世士观洛桑图且却吉坚赞（1803~1826）；五世土观赛臣丹贝尼玛（1827~1838）；六世土观洛桑旺秀协智嘉措（1839~1894）；七世土观格桑丹曲尼玛（1895~1959）；八世土观嘉央洛桑丹贝尼玛（1980~ ）。

香萨班智达·罗桑达杰嘉措

——拉加寺版『甘珠尔』校勘者

香萨班智达·罗桑达杰嘉措，意为"善慧盛海"，笔名央坚杰贝罗哲，意为"妙音喜金刚智慧"，为青海拉加寺版《甘珠尔》藏文大藏经的编辑、校勘及主持者，"拉然巴"格西，青海果洛玛沁地区拉加寺寺主，第二世香萨活佛。他也是果洛阿柔地方人，于藏历第十三饶迥之土兔年（1759年）出生，父亲叫贡秀协多加布，母亲叫阿柔萨彩旺吉。"香萨"为宗喀巴大师之母香萨阿切之略称。据藏文史料载，香萨活佛世系按传统追认活佛算为十八世，其中香萨阿切为第九世。香萨·罗桑达杰嘉措是十四世香萨贡钦（大修证士）之转世，他为十五世。香萨活佛的法号即是从香萨阿切而来的。

罗桑达杰嘉措8岁时从藏巴罗桑却佩活佛出家为僧，学习藏文基础知识。10岁那年，他被送到果洛拉加寺的创建者阿柔格西强巴坚赞沃色处拜师学经，阿柔格西认定他为前世香萨贡钦的转世。13岁时，为其举行坐床典礼，将他暂安置在拉加寺经院学习佛法。17岁时，阿柔格西为培养他成为一名真才实学的佛学家，送他到西藏学习深造。他先抵达后藏扎什伦布寺拜六世班禅大师为师广学佛法，并从班禅大师受了比丘戒，大师赐给他学号"央坚杰贝罗哲"。这个学号就是他著述论说时的笔名。回到拉萨后，他进入色拉寺杰巴扎仓师事夏扎埃珠活佛学习显密教法长达13年之久，其间曾聆听了六世班禅大师给八世达赖喇嘛强白嘉措讲授的教敕，同时慕名在雍增益西坚赞和康区昌都的名僧隆多喇嘛二师处潜心学习佛教经论。后来，他参加了拉萨祈愿大法会上的辩经会考，荣获第一名，获得"拉然巴"格西学位。在佛学显宗方面取得了这顶桂冠后，为不辜负阿柔格西的期望，他又考进了西藏下密院学习密宗经典，四年间学通了密宗教法，立"怛特罗"为宗，讲经辩论后，又获得了"欧然巴"格西（密宗博士）学位，被下密院任命为本院格贵喇嘛（即掌堂师，又称法棒喇嘛）。

二世香萨活佛在西藏期间，六世班禅大师曾授予他"额尔德尼墨尔根堪布"名号。这个活佛系统从二世开始，以后几世皆很有名，在清光绪年间，清廷授予"香萨班智达"名号，又封为"外呼图克图"职衔，国民政府也曾封为"普济禅师"。据《安多政教史》载，香萨·罗桑达杰嘉措于藏历水鼠年（1792年）遵阿柔格西之命返回青海拉加寺，但据他在西藏学经、讲学、任格贵喇嘛长达18年的时间计算，应于木虎年（1794年）才返回故里。返寺后，六世班禅大师的长住塔尔寺经师罗桑格登和阿柔格西委任他为拉加寺总法台，主持寺院教务。阿柔格西自他去拉加寺后到处游学修行，不再管理寺务。香萨班智达为了振兴闻、思、修、讲、辩事业，亲自主持讲经辩经，先后给本寺和外来僧人传授密宗金刚鬘灌顶15次、弥多罗灌顶4次、时轮灌顶近10次，附带传授胜乐、密集等灌顶多次；讲授宗喀巴大师的《菩提道次第广论》和《集续四合大疏》等显密经教。火虎年（1806年）以来，他建立了胜乐、密集、大威德、时轮、喜金刚、大轮、十六明点、毗卢遮那现证菩提、金刚界、普明大日如来、白伞盖、无量寿等十二曼荼罗，进行彩粉坛场和曼荼罗仪轨修供仪轨，每年三月初八至十四日举行供养，从未间断过。他前后主持拉加寺教务长达24年，期间，他募化集资创建了密宗、时轮、医药三个经院，采用西藏色拉寺杰巴扎仓教程，开创了祈愿大法会、五供祈愿法会和普贤菩萨行愿祈愿法会，并在这三个法会上建有一定的供给例茶制度。为严肃寺院清规，严明僧纪，他还撰写了一部《拉加寺寺规》。水鸡年（1813年）他被选任为塔尔寺第四十四任总法台。在任期间，他负责重新修

格鲁派

建了土蛇年（1809年）失火被焚的大拉让四柱大殿，塑造了十六罗汉主尊及侍从二十三尊药泥佛像，在寺中设立历代法台座和修建香萨嘎尔哇（即香萨活佛在塔尔寺的行宫）。临卸任前，他嘱托弟子、即将出任第四十五任大法台的却西·阿旺协智丹贝尼玛兴建塔尔寺时轮学院。火鼠年（1816年）卸任后，他又先后出任了黄南隆务寺和尖扎拉毛德钦寺法台，在这二寺治理寺院，护理教法，培育佛学人才。

香萨班智达的主要功绩还在于他充分利用拉加寺和各施主雄厚的人力、物力和财力，创建了一所建筑规模宏大的印经院。印经院先为两层藏式楼，后又经三世香萨活佛增修、扩建，形成具有三百余间房子的印经院。印经院建成后，他聘请了十几位通晓显密经论的格西，出资白银一万多两，首先用纯金汁缮写了一套《甘珠尔》大藏经，共三百多卷；又从四川德格印经院迎请了《甘珠尔》《丹珠尔》藏文大藏经各一套，八十尺长的缎制弥勒像（展大佛之佛像）和许多佛经、佛塔等。依德格版《甘珠尔》大藏经为蓝本，参照西藏纳塘、里塘、拉萨等著名版本，他自任编辑，相互对照，仔细校勘，从火鼠年（1816年）开刻，又自任校对，至金龙年（1820年）始竣。他还将其中一些属于萨迦派特色的画像分别改成具有格鲁派特色的画像。他共刊刻《甘珠尔》大藏经一百零五函，计正文一百函、乾隆帝新译《熵火顶髻三摩地》一函、总目录一函及各种藏文经典。该寺三个学院也雕刻了一部分印经版在各自学院中印刷发行，刻版有五万余块。他所刻《甘珠尔》大藏经呈贝叶状，因校勘严谨、刻工精细、字体遒劲，故被称为校勘可靠的《甘珠尔》大藏经，是青海地区编辑、刊刻、出版的第一部大型藏文图书。他的这一系列积极有效的措施及所取得的成就，为青海藏区文化发展起了一定的推动作用。至今，在青海还没有出现过第二种不同版本的大藏经，佛教界僧人引以为荣。

香萨班智达除总纂刻《甘珠尔》大藏经外，还编著有《辩了不了义论释》一函、《般若八千颂亲教》一函，辑《因理论》一函、《达柔》一函，这些著作在藏区也颇有影响。

香萨班智达于藏历第十四饶迥之木猴年（1824年）圆寂，享年66岁。

阿莽班智达·贡却坚赞
——二世阿莽仓活佛

阿莽班智达·贡却坚赞，意为"至宝幢"，于藏历第十三饶迥之木猴年（1764年）出生在甘肃桑央地方（今甘肃省甘南藏族自治州）。父亲叫旺周加，母亲叫德萨拉茂加，为察尔察家族。

阿莽班智达出生不久，由拉卜楞寺二世嘉木样晋美旺布认定为一世阿莽罗桑端智的转世。6岁时，他从二世嘉木样活佛剃度出家，接着在桑央的吉毛贡哇克地方举行了规模盛大的庆贺典礼，被迎入拉卜楞寺阿莽仓坐床，取法名贡却坚赞。后由密宗经院格西山木丹僧格任经师，负责教授他藏文基础知识和供佛念经的法行，同时教读《现观庄严论》《入中论》《酬补仪轨》等经论。这时主要教授唪诵这些经典的音律的缓吟、急诵和腔调，教练鼗鼓、杵铃的休止法、摇法及鼓谱等的传统实践方法。贡却坚赞皆心领神会，得心应手。

格鲁派

木马年（1774年）十月二十五日五供节时，贡却坚赞正式进入经院学习，拜多让巴·楚臣僧格为师，学习《集类学》《悟慧论》《因理论》《因理论本义》《宗印宝鬘》《十二僧伽辩析大会》《了不了义辨析大疏》《缘起颂》《识色善说宝瓶》《宗印大全》等，对许多章节背诵烂熟，每晚复习全部《集类学》。学习《集类学》中本时，二世嘉木样按照拉萨热多巴经院之制，新设《集类学》的磋朗会辩（大法会会辩），贡却坚赞第一个起立讲辩。二世嘉木样不时选择适当的对象，让其和贡却坚赞立宗辩论，以观察他回答的方式、经教的应用、判断的能力等，并几次做了教导。

19岁时，贡却坚赞从二世嘉木样上师受了比丘戒，并从嘉木样上师应试了教程通论和专论《中观教理明灯》《宗印大全》、《律经根本律》等，使上师极为满意。嘉木样高兴地说："你会为佛法做出成绩。"木蛇年（1785年）于祈愿神变大法会上，他参加然贤巴的巡回辩经。土猴年（1788年），为了新建金瓦殿，他前去青海、内蒙古等地区募化布施。

贡却坚赞的学习不断进步，从《中观》旧级转到《新论》级，以后又进入《俱舍论》学级，学习《俱舍论》本论；又在学习《俱舍论疏释》《释量论明照解脱道》的基础上，反复细读精研《俱舍论》，对其词义和文意皆通晓；以后又从洛桑雅培和藏巴然贤巴·丹巴达杰二师学习了历算学，从墨尔根曲杰、华热格西·晋美丹曲等师学习了《声明学》图解。土鸡年（1789年）冬季学期中，他进入噶然巴学级，学习律典。

贡却坚赞自进入经院后，二世嘉木样每次讲经说法时，他都前去聆听，还认真做了记录。当二世嘉木样等上师书写经文时，他主动去做侍从，圆满完成所交给的任务，受到上师的赞扬。他还拜察哈尔·甘珠尔钦波大师为师，学习了《甘珠尔》大藏经教敕。金猪年（1791年）冬，二世嘉木样圆寂后，贡却坚赞负责前往青海甘都当麻昂寺迎请遗体。他取得了多让巴学位后，为了在水牛年（1793年）的春季学期法会上立宗辩论，又仔细地学习了一年印度和藏区的许多大论。水牛年（1793年）的祈愿神变大法会上，按照青海河南蒙古亲王的授意，他出任拉卜楞寺密宗经院堪布之职。

贡却坚赞担任密院堪布后，并没有放松对佛法的学习，他拜对密法有较高造诣的喇嘛学习各种密宗典籍。通过学习，他深有体会地说："正如尊者（指一世嘉木样）在《疏释科判》中所说的先学习《五次第论》，然后转入密宗，必须把胜乐、密集、大威德三大本尊的仪轨精熟于心中。掌握了这些之后，研究胜乐仪轨时，才能了解光净的要义，研究密集仪轨时，才能洞晓光明幻化之身，才能自然而然地引入。"他改进密院旧的学习方法，制定新的学习制度。每年秋天，他都严格地考察和校正喇嘛们在跳神、画规施线、音调三方面的技能，并规定：凡没有应试《疏释正源》者，不准进入《大疏》级；没有应试《虚空称密集金刚生起次第》者，不得进入《小疏》级。他创立了夏季建立立体坛场的传统，开创了每年建立堪以胜任的胜乐、密集、大威德三本尊和怙主法王羯磨的宗风。密宗院新建内殿时，他提供经费白银300余两，塑造高逾人身的胜乐、密集、大威德三本尊像，在经堂殿脊装上一对金胜幢和宝瓶，后来还绘了护法神怙主和法王像。贡却坚赞在密宗经院传授密集、大威德灌顶，讲传达布喇嘛的生起、圆满次第，以政教二规主持护理密宗经院4年。

火蛇年（1797年），为了确定二世嘉木样转世的呼毕勒罕（化身或灵童），贡却坚赞和东科尔噶居于三月十三日起程前往西藏，七月抵达拉萨。一世嘉木样大师在卫地有许多弟子，在他们的大力协助下，认定灵童的工作进行得很顺利。在拉萨期间，贡却坚赞朝拜了八世达赖喇嘛和七世班禅二位大师，结了法缘，并做"恳求殊胜化身嘉木样永世"的祈祷。他还朝拜了拉萨大小昭寺的两尊释迦牟尼像、噶丹寺宗喀巴大师的大灵塔和叶尔瓦岩寺、札什伦布寺等许多圣迹。他拜朱倭赤钦·罗桑扎西和哇日格西·恰达及札什伦布寺的两位经师为师，聆听了许多极为稀少、难得的传承和经法。他曾说："在安多、卫藏，拜请过30位大善知识，聆听了他们讲授的广泛经法，所记的笔记足有一函厚，应该说是我可以趋入解脱之门的依据。"当他离开西藏时，许多知名喇嘛劝他留住西藏，弘扬佛法。而他却说："丢开了寺院和怙主一切知，追求一点地位干什么呢？这才是白费时光。"

土马年（1798年）三月十三日，贡却坚赞离藏返回安多，九月初一回到拉卜楞寺，拜见殊胜化身三世嘉木样。土羊年（1799年）正月间，贡唐·嘉贝样（1762～1823年）住在甘肃河州，他前去拜见，担任了嘉贝样编写二世嘉木样传记的秘书和侍从。当年秋天，他在青海佑宁寺从土观·却吉尼玛上师聆听了《六臂护法手册》指引等的教授，并给俄汗噶居等讲经传法。他从金猴年（1800年）开始撰写《拉卜楞寺志·天神之鼓》，后担任新建的佐格（若尔盖）新寺拉卜杰林的金刚法师，并在该寺讲授胜乐、密集的灌顶，讲传《疏释》教授和教敕、《宗喀巴全集》的教敕等经法，不懈地督促寺僧学习，因而在任职的4年中，为学好大密教法打下了基础。

木鼠年（1804年），他41岁时，被委任为拉卜楞寺第二十四任法台。上任后，他整饬纪律，严格管理制度，使一度松弛的规章制度又得以恢复。他常常亲临经院的各个学级，宣讲考试教程，并按各级程度讲授不同的经法。他对考试抓得更严，凡教程考试不合格者则令其学习"明处"；《中观》学级以下考试不合格者，令其降级辩论。此外，他对考试内容也定得十分具体，在对密宗经院以外的其他三个经院，也进行唪诵、腔调、韵律、坛城的施线、粉彩的画规、工艺制作等的考试，密宗经院考《疏释正源》《生圆次第》的文辞义理内容，时轮经院考"明处"，医药经院考《四部医典》，对诵经僧人考唪诵和音律，并反复予以校正，因而使显密经法的讲、闻、辩大有发展。

另外，贡却坚赞在拉卜楞寺还主持新立了密宗殿，在时轮学院艾温法轮洲新设了时轮护摩法会，修建了医药经院经堂，在寺中新建了寝宫、佛塔、佛像，设置了《甘珠尔》大藏经为主的经籍1000多函。他在其他寺院中又广施僧众，在佐格（若尔盖）二寺和德摩塘寺新置了许多佛像、佛塔、佛经等，为阿木却乎寺捐助了许多法事经费和雕刻经版的资金，为丹培林寺修建了弥勒佛殿并塑了弥勒佛像。他新建了塘萨噶尔寺，寺内修建了经堂和僧舍等。他将积存的资财都用到弘扬佛教方面。

木鼠年（1804年），贡却坚赞主持西仓德钦林寺；火虎年（1806年）又主持如多玛丹培林洲；土蛇年（1809年）

卸去拉卜楞寺法台职务，又立即被贡隆拉杰林寺请去任堪布，主持该寺10余年。木狗年（1814年）起，他先后主持阿木却乎寺9年，主持丹培林寺25年。在此期间，他分别在各寺建立了显密经法的讲、闻、辩制度，整顿寺纪、寺规，为这些寺院打下了讲修的坚实基础。该师功德无量，成为僧俗大众崇敬的活佛、大学者，被奉为"语自在圣"，普遍尊称他为"玛哈班智达"。

藏历第十四饶迥之水牛年（1853年）六月初，阿莽班智达如意所欲地将色身庄严摄收示寂，享寿90岁。

阿莽班智达·贡却坚赞一生专注研习经典、讲闻辩论、撰述论著等。他不仅是一位佛学家，而且是一位历史学家。他的著作将近12函，在阿木却乎寺藏有木刻印版，《蒙藏汉历史概论》《拉卜楞寺志》《密宗四续部总义简述》《贡唐·贡却丹白仲美传》是他的代表作。其中，《蒙藏汉历史概论》一书是研究川西北、甘青民族历史及关系史的一部重要著作；《拉卜楞寺志》一书详尽记载了该寺的建筑、历代法台、各扎仓的历史。

夏玛尔班智达·格敦丹增嘉措
——化隆支扎上寺创建者

夏玛尔班智达·格敦丹增嘉措，意为"僧持佛海"，青海海晏夏玛尔地区人，蒙古族，是青海近代蒙藏史上著名的日绰巴学者和佛学家，化隆支扎上寺的创建者和寺主，曾任过十三世达赖喇嘛的经师。

格敦丹增嘉措于藏历第十七饶迥之水鼠年（1852年，清咸丰二年）伴随着种种吉兆而降生于人世，父亲叫班穆，母亲叫玛吉。格敦丹增嘉措虽生于高原牧区，但肤色白嫩，头圆额广，耳宽长而下垂，明眸皓齿，聪明伶俐。3岁那年，罗哲巴桑去西藏向九世班禅大师请示问卜，据西藏一些喇嘛的预言和卜算，确认格敦嘉措为前世活佛阿旺丹增嘉措的转世。木兔年（1855年），4岁的小灵童登上了前世活佛的法座，之后被送到海晏地区的麻雪寺拜著名的然贤巴罗桑丹增为启蒙师，始学藏、蒙古文字，不久即掌握了字母的读写及拼音。8岁时，由塔秀·格敦曲郡嘉措(1810~1888

年）剃度出家，授居士和沙弥戒，赐法号格敦丹增贝桑布。受戒后，他从夏玛尔日绰巴旦增坚赞为师闻习、背诵《文殊名称经》《密集、胜乐、怖畏金刚仪轨》短篇经文，开始了学经的生涯。9岁时，听说果洛拉加寺三世香萨活佛来阿柔大寺讲经，他专程赶去和五百僧人一起聆听《大威德十三尊法》。水狗年（1862年），他被送到尖扎拉毛德钦寺，因夏玛尔活佛系统在该寺有府邸，到寺后驻锡于自己行宫，被尊为第四世夏玛尔活佛。"夏玛尔"为藏语，意为"红帽"，这里不是指西藏噶玛噶举派红帽系活佛，而是因格敦丹增贝桑布出生地方的蒙古族大多头戴顶上饰有红缨穗的帽子，故人们将此地称为"夏玛尔"，这个以物取的地名又成为该活佛系统的别称或代称。14岁时，他入德钦寺法相学院从罗桑尼玛学习摄类学教授，边学习，边辩论，进步较快，一二年间熟练地掌握了包括摄类学在内的因明疏释论理学基本常识，开始立宗与其他学僧辩经，显露出卓越的辩经才能。火虎年（1866年），他到黄南隆务寺聆听阿绕·罗桑隆柔嘉措活佛讲的一些显密经论及有关灌顶、随许仪轨法。他在这里学经时间较长，阿绕活佛成了他的根本上师，师生建立了深厚的感情；离别时上师赠给他一尊印度响铜铸造的释迦牟尼佛像，并叮嘱努力学习经典，严守戒律，注重闻思修。回到拉毛德钦寺后，他从通晓百部大论的格西钦莫喜热嘉措和擅长因明论的次臣贝旦二师广学经典的导释疑难和《现观庄严论》《七十真实论》等。

从土蛇年（1869年）开始，格敦丹增嘉措为了开阔眼界，走出德钦寺，游学安多各寺，先后游历夏琼、热贡隆务、扎西曲、拉卜楞、拉加等寺院，从几十位学识高深的格西学习显密经论、历代著名学者文集、书札、医药、声明学、诗辞、工艺等学科，并做了大量学习笔记，成为一位年轻学者。此时的他对更深更广的知识追求愈加强烈。金羊年（1871年）三月，他前去拉卜楞寺求学，由释迦僧格和杰·喜饶嘉措任亲教师兼轨范师，卓尼多然巴格敦巴桑任屏教师，在足数的比丘僧面前重授近事戒和沙弥戒，正式授比丘戒，赐法号格敦丹增嘉措。当年深秋，他返回隆务寺闭关静修"菩提道圆满实践"。水猴年（1872年）二月初，他给来尼泽寺为僧众传授长寿灌顶法的阿绕活佛献上长寿瓶接受了长寿灌顶。相传，一天晚上他梦到自己拜见了班智达语自在名称大师，大师给他传授了十万零四百五十五首密乘法要诀。醒后，他依然能背诵出这些要诀。云冬益西达杰格西来亲授他藏密气功基础学"修身百脉轮之实践"，他将要点一一做了笔录。从金龙年（1880年）起，他一面学习尚未学到的知识，一面开始出师讲经传法。在他首次赴循化文都寺讲《菩提道次第广论》时，出现了天降瑞雨的吉祥征兆，

格鲁派

寺僧对他肃然起敬而做了供养；之后到青海东科尔、却藏、扎西曲、刚察新寺、拉毛德钦、麻雪等寺院讲授《菩提道次第中略论》、秘籍、教证、随许以及诗歌修辞指导等知识。此时他深感诗论修养的功底甚差，遂钻研印度论师佑巴坚的《诗镜》一书，提高诗论水平。他对知识的涉猎范围很广，不仅攻读佛学经典，在诗歌、天文历算、工艺美术、医药学等方面也有较高的造诣，成为当时学识渊博的一大学者。他经常深入寺庙牧区为僧人和牧民用学到的医术看病，解除了患者的痛苦，博得了广大僧俗的欢迎。22岁以后，他云游甘南拉卜楞寺、卓尼大寺，青海黄河以南诸寺、海南果洛一带的拉加寺、瓜泽寺、拉毛德钦寺；青海环湖的千卜录寺、厄日寺、达如玉寺、赛拉寺；黄河以北的塔尔寺、东科尔寺、瞿昙寺、仙米寺、朱固寺；甘肃天祝的天堂寺、凉州四大寺等，所到之处，云集而来的僧俗大众受到他的佛教正法甘露的滋润。

藏历火马年（1906年）九月十三日，传来了十三世达赖喇嘛图旦嘉措云游内外蒙古后来到青海塔尔寺的消息时，格敦丹增嘉措即刻带领300多名修行者前往塔尔寺拜见。二十一日，由塔尔寺三世却西活佛引荐，他在十三世达赖喇嘛寝宫谒见了图旦嘉措，献上礼佛的哈达和佛像、佛经、佛塔等，恭敬地说："佛主驾临安多慈悲关怀芸芸众生，我等感恩不尽。"他和十三世达赖喇嘛的会见似当年洛扎·南喀坚赞和宗喀巴大师的会晤一样喜悦之情不可言状。十三世达赖喇嘛见格敦丹增嘉措的言谈不凡、学识广博，要求格敦丹增嘉措传授他未曾学习过的经典。这样格敦丹增嘉措就成了十三世达赖喇嘛的经师。在塔尔寺期间他认真为十三世达赖喇嘛传授了《菩提道次第论》《具吉祥下密八大解》《具吉祥大威德十三尊生圆二次第》等许多显密经典和灌顶，使十三世达赖喇嘛受益匪浅。十三世达赖喇嘛给他赐予"班智达"称号、盖有大方印之封文及幡伞、马旗和堪布袈裟一套等，并赞颂他的功德。他的夏玛尔班智达的称号也由此而来。

水兔年（1903年），夏玛尔班智达在化隆境内初建了一座仅次于夏琼寺的大寺——支扎上寺，并修建了讲修经院，他成了该寺的当然寺主。支扎上寺是青海境内的一座专门学习研究佛学的学府，寺内提倡注重经典的学习、辩论、研究而不授任何学位。寺中先后出了许多著名的藏族、蒙古族学者。夏玛尔还专门制作了僧会上用的大铜锅、坐垫、燃香等物品，花费了一大笔开支，计白银一万三千三百多两。

夏玛尔班智达还是一位辩经高手，20岁后他开始讲经，所到之处即兴辩经，同龄人中能辩过他的人少之又少，而他从不恃才讥讽嘲笑别人，也不以自己取胜为目的，而是

格鲁派

对辩论对手开导启发,循循善诱,以达到取长补短、共同提高辩经水平、弘传佛法的目的。华热·洛桑饶赛活佛深有感触地说:"夏玛尔活佛依他天赋之才加上苦学而获得知识和辩才,一般人是几辈子也难以达到的。"大格西益喜嘉措说:"我们在内蒙古和安多地区未曾遇到像他这样学识高深的格西喇嘛。"

夏玛尔班智达·格敦丹增嘉措于藏历第十五饶迥之水鼠年(1912年)七月初十黎明时分圆满佛教众生之事业,以雄狮卧姿而示现圆寂。十三日下午火化遗体时出现彩虹、香气四溢等异事。十五日启泥封炉捡收遗骨时发现遗体已化为灰烬,而双目、舌、心脏却完好无损,还有许多舍利子。僧众做一灵塔,将遗骨装入塔中送到拉毛德钦寺安放。塔尔寺却西活佛用金铜混合制造了一座尊胜灵塔,将夏玛尔班智达的牙齿、几块遗骨、十三撮头发、夏玛尔用过的供神水小铜碗、念珠、曼札、眼镜、衣物等遗物和四粒舍利子一起装入尊胜塔中安放于塔尔寺大经堂右面一排,受香火供养。

夏玛尔班智达作为一名佛学界学者,他的著述也十分可观,在佛学方面有《菩提道次第教授》《大胜观疑难备忘录》《修心八颂》《采花甘露笔录概述·苦行饰》《灵童早日转世祈祷文》等;在寺志方面有《噶桑佛殿志》《佛像、经塔建立志》《寺规》等；在文学方面有《散篇文集》《诗辞学例句善说甘露》《诗论释难》《修辞学》；在传记方面有《阿绕多杰羌罗桑隆柔嘉措传》《香萨三世罗桑丹白旺秀次诚彭措传》《苟什德活佛传》等。其中，《菩提道次第教授》一书，是夏玛尔班智达学习修行佛教正法的一部实践经验之作，该书言简意赅、繁略得当、易懂易记，现已是寺院学僧们的佛学教科书。

道帏格西·喜饶嘉措

——『爱国高僧，法界栋梁』

道帏格西·喜饶嘉措大师是藏传佛教近代史上一位著名高僧大德，他独具慧眼，善辨真假丑美；爱国护教，维护国家统一、民族团结；毕生致力于佛教事业，追求佛法真谛，以渊博的藏学知识和佛学上的重大成就，在中国佛教界和世界佛教界都产生过重大影响，对弘传民族文化和宗教文化，沟通汉藏文化，增进国内外宗教活动及文化交流等方面做出了不可磨灭的贡献。

道帏格西·喜饶嘉措，于藏历第十五饶迥之木猴年（1884年）四月初八出生在青海循化道帏紫金川（俗称道帏沟）贺庄一个普通藏族农民家中，父亲叫拉隆杰，母亲叫拉隆吉。他幼名多杰，是独生子。其父母深知不识字的苦衷，决意培养他成为有文化的人，于是将年仅5岁的小多杰送到古雷寺道帏扎仓学经。从此，他开始了童年的学习生涯。7岁，他在本寺西藏哲蚌寺拉然巴格西诺尔布座前剃度出家,皈依佛门,并受沙弥戒,法名喜饶嘉措(慧海)。9岁时,任何经典他只要念诵二三遍,虽不能全部理解其中的深奥意义,但能牢记心中。后从拉然巴格西托美及张沙活佛学习写、读、诵的同时,他开始聆听初级因明学和律经基本知识。因喜饶嘉措慧门开启,学习精进勤奋,对一般经文过目成诵,赢得道帏地区僧众的赞誉。就在他入古雷寺学经的第二年,父亲不幸谢世,母亲孤身一人,家庭生活十分困苦,因而他在11岁时,于学习之余不得不按当地习俗,到俗家啐诵经忏,求得些许布施,以维持生计。

道帏扎仓有一名叫龙智的绘塑艺师,在自己僧院内修建了一座花园,园地虽小,因布置有方,颇有花草树木之胜景,常请寺内僧人观赏,聚会赋诗。一次,15岁的喜饶嘉措也受邀参加这一游乐盛会,他触景生情,便用藏文赋诗一组,其中有"博大妙智贯经文,洞彻精义无遗留,顶礼格勒图旦嘉措尊,请赐无碍之辩才!药树葱茏园林中,稀奇庄严无量宫,画师龙氏之寮舍,福泽眼中甘露融"等句,立意新颖,格律贴体,众人争相传阅,无不称奇。他的几位启蒙经师阅后,十分高兴,认为好好培养他,日后必成大器,并在经济上予以资助,送他到讲、辩、著之风浓郁的拉卜楞寺继续修学佛法。

土狗年(1899年)秋,年满15周岁的喜饶嘉措赴甘南夏河拉卜楞寺深造。按修学程序，他先进入显宗经院，一面潜心学经，一面为寺院做小工挣取微薄报酬，维持生活。在该寺，他先后师事贡塘·罗哲仓、铁吾·贡却仓、四世嘉木样、果莽·慈诚嘉措等十几位大师系统学习赛仓·阿旺扎西的《摄类学疏释》、《悟慧论辩析》、《因理论辩析》，慈氏《现观庄严论》、《现观庄严论明义疏释》、《入中论》、《中论大疏》、《戒律根本论》、《律经海之心要》等，从词义到经义，由浅入深，由博返约，博约相济，皆贯通于心。一般僧人需要学习12年的全部课程，他仅用了5年时间全部学完，并能通达其意，领其要略，寺内活佛、格西及僧众对他出众的才华赞叹不已。

在拉卜楞寺学经期间，喜饶嘉措曾回故里道帏看望母亲。其时适逢张沙活佛在张沙寺内建造佛塔，十分欣赏他的才华，请他题写了塔心中轴上的经文，并撰写一篇词句优美的吉祥祷文，使佛塔开光典礼圆满完成。张沙活佛欣喜之余，深情地授记道："不久将来，您将成为贫瘠的道帏土地上长出的一株檀香树，黑暗中的一盏明灯！"年近20岁时，他由经师贡塘·罗哲仓主持授予比丘戒，成为名副其实的比丘僧。由于他才华出众，文笔流畅，深得四世嘉木样活佛的器重，被聘为拉卜楞寺首席秘书。他的经师贡塘·罗哲仓则认为，让他当秘书，是埋没人才，建议嘉木

格鲁派

样活佛让其去西藏广参名师，学穷"五部大论"，贯练"大小十明"，为弘扬民族宗教文化发挥更大作用。嘉木样活佛采纳了贡塘·罗哲仓的建议，同意并鼓励喜饶嘉措去西藏继续修学深造，希望他早日成才。

木蛇年（1905年），21岁的喜饶嘉措从拉卜楞寺启程，远赴西藏求学。经过4个月的艰苦行程，他到达拉萨圣地，进入拉萨三大寺之一的哲蚌寺果芒扎仓鲁本康村学经。在果芒扎仓，他先后从通晓显密诸论的大格西却智噶布、十三世达赖喇嘛的经师洛桑益西丹贝坚赞等10位名师潜心研习中观、戒律、因明、俱舍、现观庄严论、密续四部等佛学必修论著及许多释论。在听讲、通读的基础上，他尽情采撷诸论之精华，常参加白天或夜场辩经，立宗辩论，并以犀利精确的思路、纯洁而美妙的语言、和善而亲切的讲辩风度，使众多学者无不心服。

当时喜饶嘉措远离故乡，生活来源没有保障，饥寒时常折磨着他，然而这些丝毫没有动摇他的学习意志。他一面以顽强的毅力发奋学习，一面利用课余时间到拉萨近郊化缘，或给人家念经，借以维持生活，据说有两次偶然的机遇，改变了他的窘况。一次，一户名叫巴拉西嘎的人家请他念诵《甘珠尔》大藏经。当念到《律藏》部分时，他发现其中一页经文正反两面印错了，上下文衔接不上。他将此事告诉这家主人时，这家主人不以为然。后来，这家主人从尼昂寺借来《甘珠尔》的《律藏》，请人对照，证明确系印错了。这家主人十分惊奇，对他的经法赞不绝口，从此他的声名在拉萨传颂开来。很多僧侣闻知后视他为高僧，虔诚地顶礼膜拜，请念经、供养衣食的人也随之越来越多。人们给他的丰厚供养，他除留一点作为自己的生活费用和购置书籍外，大部分用于接济其他僧人和供养经院佛殿的供灯等方面。又有一次，他被一庄园大户请去做祈禳法事，念诵《贤劫经》。庄园主人发现他正襟危坐，诵经韵调洪亮，发音准确，便请他复诵一遍，并问他的原籍。他说为安多人氏时，庄园主人赞叹说："见到您如此非凡的风采和才华，不由想起当年宗喀巴大师从安多来西藏的情景。"庄园主人请他写一组教诫诗，他当即写完后交给庄园主人。庄园主人见教诫诗文情并茂，不由大惊，连称"失礼"，赶忙请到楼上设座款待，并与他结成了供施关系。自此，喜饶大师不再为生活而发愁了，有更充足的时间钻研佛学经论。十三世达赖喇嘛的经师洛桑益西丹贝坚赞是一位满腹经纶的学者，嘉饶嘉措从该师学通了"声明论"和修辞学，这位上师很欣赏他的才华，赐给他"坚华杰贝罗哲"（意为文殊喜悦智慧）名号，他便以此作为自己的文学笔名。

火龙年（1916年）正月祈愿大法会期间，嘉饶嘉措

格鲁派

在拉萨三大寺考取格西学位获得第一名,正式被授予西藏显宗学最高的"拉然巴"格西学位头衔。拉萨祈愿大法会结束后,喜饶嘉措认为在显宗学方面已取得了一定成绩,并获得了最高格西学位,但对密宗学尚不深不透,在密宗方面还须下一番功夫。于是,他从拉萨到噶丹寺请求总法台夏孜·年扎嘉措给他传授"密宗金刚鬘灌顶"。灌顶后准备到下密院修学密法时,十三世达赖喇嘛派人来请他到罗布林卡夏宫。十三世达赖喇嘛劝他暂不要去下密院,不要回安多,在罗布林卡做几件利于佛教和人民的神圣事业。第一件事就是让他担任总校勘,将布敦·仁钦朱大师(1290~1364年)的全集校勘刻印出来。喜饶嘉措立即领悟到,布敦大师是西藏各教派公认的一代名师,他的著作虽未曾正式校勘刻印过,但对西藏佛教和藏族文化的发展产生过较大影响,现在由自己负责校勘刻印,确实是件神圣的弘法事业,于是愉快地接受了这个任务。从火龙年(1916年)四月开始,他组织人力物力在罗布林卡开展工作,经过认真校订,精刻细印,历时6年,26函(又有29函之说)的经典巨著校勘刻印工程始竣。《布敦全集》木刻本的问世,受到了西藏僧俗各界的赞誉。时隔不久,十三世达赖喇嘛又对喜饶嘉措说:"《甘珠尔》大藏经的版本有好多种,但校勘、刊印方式有不一致的地方,有些版本老化、字迹模糊,有的印版残损,出现了一些缺遗。布达拉宫中还没有一部完整的《甘珠尔》大藏经印本,我想校勘刻印一部完整的《甘珠尔》大藏经。现在西藏格西众多,有些格西精通经典,但对于著述不甚精妙,有些对著述虽有才华,但对经典则不精通。看来完成此项巨大工程非你莫属。由我任施主,你做校勘审定补遗工作。"喜饶嘉措义不容辞地担负起这一重任。《甘珠尔》大藏经亦称《佛说部》,是由梵译藏的释迦佛祖所讲三藏四续经典汇编成的一部大型佛教丛书,全书有104或108函几种,所以这项工程长达8年方圆满完成。当时,喜饶大师任主校,查珠·阿旺罗桑(当代知名藏族学者东嘎·洛桑赤列的上师)做副手,用几种版本对照校订,补遗了多处残缺,改正了多处错误,并以总校勘者的身份重新编写了原稿目录。《甘珠尔》大藏经印刷后,喜饶大师将第一版呈献给了十三世达赖喇嘛,第二版即由十三世达赖喇嘛赠给了他。这个版本就是现在所说的布达拉宫版或拉萨版。之后,喜饶嘉措还花一年时间重新将西藏著名学者第巴桑结嘉措著的《声律学》一书进行了校刊刻印工作。15年的校勘刻印经典工作使喜饶嘉措得益匪浅,佛学造诣更加高深。

水鸡年(1933年),十三世达赖喇嘛圆寂,由热振呼图克图强白益西坚赞代理摄政。当时西藏内部爱国与亲英

格鲁派

两派势力的斗争很激烈,喜饶嘉措是一向主张祖国统一的,因而受到亲英派的攻击和排挤,甚至从他校勘的大藏经中挑毛病进行诬蔑。亲英分子被热振摄政从内部清除后,他们对喜饶嘉措的的政治中伤也自行收场了。

木狗年(1934年),以当时任国民党中央监察委员、青海省政府秘书长、"青海藏文研究社"社长黎丹为首的"西藏巡礼团"一行10人抵达拉萨。通过西藏噶厦政府,黎丹拜喜饶嘉措为师。黎丹与大师神交多年,同杨质夫居于哲蚌寺,由喜饶嘉措大师亲自辅导、讲授宗喀巴的《菩提道次第广论》等。其他成员分别加入学院班级进修藏文,学习讲辩。大师还应黎丹请求审阅修改了黎丹等编著的《藏汉大辞典》。火鼠年(1936年),黎丹正式以国民政府的名义礼聘喜饶嘉措为中央大学、北平大学、清华大学、中山大学、武汉大学等五所大学的西藏文化讲座讲师。是年年底,由黎丹、杨质夫、格西格桑嘉措等陪同,喜饶嘉措离开西藏,转道印度、锡兰、香港,到达上海。次年春到南京,受到了国民政府主席林森等人以及各方人士的热烈欢迎,蒋介石也接见了他。

喜饶嘉措大师在五所高等学院讲授西藏文化、历史和佛学理论等知识时,由杨质夫担任翻译。他每讲一课,均受到广大师生的热忱欢迎和良好评价,从而使五所大学的各族师生和国内各界人士对西藏的政教制度、社会经济、文化历史和风土人情等有了比较正确的了解和认识。同时，喜饶嘉措大师从广大师生那里也学到了不少知识，增长了才干，对国内各地的情况有了进一步了解。

火牛年（1937年）夏，喜饶嘉措大师到上海、北平等地游览讲学之时，卢沟桥事变发生，抗战兴起。不久他返回青海故乡，驻锡古雷寺并担任了该寺住持，道帏群众引以为豪，尊称他为"道帏格西"。旋即，他又返回南京。他在南京时除了讲学之外，终日在甘青宁会馆研习佛学经典，撰写了不少著作和文章。在日寇狂轰滥炸南京城时，会馆被毁，这些著作草稿和从西藏搜集整理的大量藏文资料全被焚毁，使他十分痛心。他随国民政府西迁重庆后，于土兔年（1939年）五月，在重庆组织人力编印了《为宣传抗战告蒙藏同胞书》及传单，七月受国民政府教育部和蒙藏委员会的委托，赴甘青各大寺院进行讲经视察，宣传抗战。在西宁他写了《白法螺妙音》等文章，号召佛门僧徒团结起来，保种保教，抗日救国，在当时蒙藏群众中影响较大。喜饶嘉措于火牛年（1937年）在南京时参加了国民党，金龙年（1940年）（一说为1942年），国民政府明令给喜饶嘉措颁以"辅教宣济禅师"名号。其文曰："喜饶喜措格西内典精通，修持坚苦，早岁传经说法，僧侣皈依。抗战以后，

格鲁派

受命前往青海地方视察宣传,启导边民,咸知趋南,行胜卓锡,劳瘁弗辞,护国精诚,深堪嘉尚,着颁给辅教宣济禅师名号,以示优崇。"20世纪30年代末40年代初,随着国内抗战形势的日趋紧张,西藏的亲英分子的气焰也很嚣张,在英美帝国主义的操纵下,于水马年(1942年)公然成立"外交局",宣布脱离国民政府。鉴于这种形势,国民政府在水羊年(1943年)夏天,特地派喜饶嘉措一行入藏工作,名义上是负责进藏办理国民党学务筹备工作,实际目的是利用大师的声望和地位号召西藏人士内向。但因西藏地方政府的阻挠,喜饶嘉措未能进藏。

青海解放时,由于喜饶嘉措和他的弟子们对中国共产党、解放军还不太了解,在弟子们的劝说下,他避居于青海海南兴海地区的赛宗寺。在这里他一面修习密法,一面为该寺寺主阿柔仓讲授《金鬘论》《菩提道灯论》《圣道三要》等经典,并撰写《阿柔·隆多丹贝坚赞传》。为了争取他出来工作,青海省军政委员会专门派人去跟他联系,解释、宣传中国共产党、解放军的宗旨。最后,他表示愿意出来工作。随之,他就被中央人民政府任命为青海省第一届人民政府副主席、文教委员会主任,之后又担任西北军政委员会委员、西北民族事务委员会副主任,并先后当选为第一、二届全国人民代表大会代表,第二、三届全国政协常委和第四届全国政协委员。

青海解放初期，少数民族地区由于长期受反动宣传的影响和散匪潜特的捣乱、破坏，部分地区动荡不安。喜饶嘉措不顾年迈体弱，多次跋涉于广大农牧业地区，向各族人民，特别是藏族群众宣传党和政府的政策，并率领西北慰问团青海分团赴黄南地区传达党和政府对少数民族的关怀，了解群众的生产和生活情况，教育群众正确认识中国共产党。这对安定人心，巩固社会治安，恢复和发展生产，搞好政权建设，都产生了很好的影响。

喜饶嘉措参加新中国建设后，一直拥护中国共产党和平解放西藏，多次写信和发表广播讲话，向十四世达赖喇嘛和西藏地方政府上层人士以及在西藏地方政府任职的他的弟子，宣传党的民族平等团结的主张和宗教信仰自由政策，呼吁十四世达赖喇嘛和西藏地方政府官员认清形势，接受和平解放，走爱国的光明道路，为和平解放西藏协议的签定做出了积极贡献。

水龙年（1952年），当时的西康和西藏波密地区的极少数人抛出一篇所谓《白玛冈道场神书摄义》的文章，以天书的形式进行散布谣言，说："从天空降下神书，世界即将毁灭，人民要遭受大灾大难。"这篇"神书"蛊惑人心，煽动性很大，一时人心惶惶不安。喜饶嘉措对此谎言谬论极为愤慨,发表了著名的《驳假预言·扫除愚昧黑暗·智慧太阳之光》《先行书信——甘露珠》等文章,对此做了淋漓尽致的揭露和批判。不久即刹住了这股妖风,为稳定民心,安定社会秩序起了一般人无法代替的作用。刘少奇主席曾当面称赞:"喜老,你的文章写得好。"毛泽东主席也曾给他写信,予以鼓励。

水蛇年(1953年),在中国佛教协会第一次大会上,喜饶嘉措当选为副会长,之后,他移居北京北新桥外的吉龙仓,致力于新中国的佛教事业。木羊年(1955年)8月在全国佛协第二次理事(扩大)会议上,当选为会长。火猴年(1965年)9月,中国佛学院成立,他出任首届院长。在他主持政协和佛学院工作的10余年间,教育、团结各族佛教徒参加社会主义建设事业,号召佛教徒为创造人间极乐世界而奋斗。

喜饶大师还是一位友好使者,多次率领中国佛教代表团出国访问。木羊年(1955年),他应缅甸总理吴努的邀请,率领中国佛教代表团对缅甸进行友好访问。次年11月,率领中国佛教代表团赴尼泊尔,参加第四届世界佛教徒大会,会后又转赴印度参加释迦牟尼涅槃二千五百周年纪念活动,同时又参加了联合国教育、科学、文化组织联合举办的"佛教对艺术、文学、哲学的贡献"讨论会。土狗年(1958

年），应柬埔寨西哈努克亲王的邀请，喜饶嘉措大师又率领佛教代表团赴柬埔寨王国参加第六届世界佛教大会。是年秋末，应苏联和瑞典两国政府的邀请，中央人民政府委派大师赴苏参加为期8天的世界佛教协调理事会，接着参加了在瑞典举行的世界和平理事会第一次大会，之后还曾护送佛牙赴缅甸、斯里兰卡等国巡回朝礼。在这些外交活动中，他才思敏捷，学识渊博，赢得了有关国家和各界人士的尊重和好评，出色地完成了友好访问任务。

土猪年（1959年）西藏发生叛乱，十四世达赖喇嘛出走印度，喜饶嘉措坚持正确的立场，抱着诚恳的态度，希望十四世达赖喇嘛以佛教和国家大局为重，回归祖国，和政府一道搞好西藏的事，搞好藏族人民的事，搞好佛教事业，为祖国统一、民族团结做出贡献。他的爱国行为受到了毛泽东、习仲勋等领导人的赞扬。国务院为了表彰他，特地赠送一口重2000公斤的明代隆庆大铜钟，后来还派车运送到青海。为此，青海省人民委员会拨专款在古雷寺修建了一座钟楼。水虎年（1962年）7月，他专程从北京回到循化县古雷寺主持钟楼落成典礼。这口钟成了具有历史意义的文物瑰宝，被称为"震撼瞻部之音"，亦称"世界之音"。

土猪年（1959年），党和政府安排喜饶嘉措到全国各地佛教圣地朝礼游览。他先后到过五台山、九华山、普陀山、

格鲁派

峨眉山、天台山、庐山、黄山以及南京、扬州、宁波等地。当他看到祖国的大好河山呈现出一派繁荣景象时，喜不自禁，写下了《五台山圣迹颂·具信甘露》《社会主义新中国佛教》等文章。

金鼠年（1960年）初，喜饶大师以77岁高龄随同周总理率领的中国访问缅甸友好代表团再次到缅甸访问，回国后陪同十世班禅大师到东北视察。第二年秋天又到西北地区视察，先后到甘肃的合作寺、拉卜楞寺，青海的塔尔寺巡礼讲经，极受信徒欢迎。木龙年（1964年）6月，81岁的喜饶大师在北京西山重建佛牙舍利塔的开光典礼上献了辞，这是他最后一次的公开活动。大师在北京期间，经常在法渊寺、雍和官、北海等处为致力于佛教事业的汉族比丘、比丘尼以及男女居士们曾按各自要求，讲授《皈依经》《圣道精要》《宗印》等，为中央民院藏族教师讲授《三十颂》《音势论》等藏文语法。

喜饶大师胸怀坦荡，直言不讳，不隐瞒自己的观点，是中国共产党可敬可佩的一位诤友。他曾涉足政界，对党和政府的各项工作十分关心，对成绩热情赞扬，对缺点和错误敢于直言。他多次提出在少数民族地区进行社会改革，一定要重视民族地区的特点，即少数民族历史环境、生产生活、语言文字、风俗习惯、宗教信仰等差别的问题。

20世纪60年代,由于"左"的错误路线的影响,对喜饶嘉措大师这样一位爱国爱教者,采取了不公正的对待,尤其在"文化大革命"中受到严重迫害,这位高龄老人于藏历土猴年(1968年)11月1日,在西宁含冤逝世,享寿85岁。

"文化大革命"结束后,喜饶嘉措的冤案得到平反。土羊年(1979年)10月6日,中共青海省委、省政府在西宁为喜饶嘉措举行追悼会,中共中央、国务院、中央统战部、国家民委以及阿沛·阿旺晋美、杨静仁、十世班禅、包尔汉、赵朴初等领导人为他送了花圈。次年,习仲勋、刘澜涛、杨静仁、汪锋、阿沛·阿旺晋美、扎喜旺徐联名在《人民日报》上发表题为《爱国老人喜饶嘉措》的长篇纪念文章,高度评价赞扬了大师的一生。

后来,国家民委、宗教局、中国佛协、青海政协、统战部等单位捐资在循化道帏古雷寺近旁建成喜饶嘉措纪念馆一座。十世班禅大师参加纪念馆开光典礼,并赐馆名"遍知大格西喜饶嘉措纪念馆",并题词:"至尊喜饶嘉措大师,一生为沟通和交流汉藏文化,著书立说,功垂汉藏,爱国爱教,为广大僧众树立了良好榜样。新中国成立以来,为祖国统一,为各族人民的团结和友爱做出了卓越贡献。现在当我们在缅怀喜饶大师的同时,要学习他刻苦博学的意志,爱国爱教的宏愿和为各族人民的幸福而贡献终身的佛家精神。"拉卜楞寺贡塘仓大师也参加了开光典礼。他赋诗赞曰:"具足圆道大智慧,用讲、辩、著之神翼,在彼显、密海空界,成就世界一庄严。"赵朴初先生撰写了《爱国高僧,法界栋梁》纪念文章,其中高度评价了大师的功德:"喜饶嘉措大师不愧是一代高僧,法界栋梁。他不仅对藏传佛教深有影响,而且饮誉全国及国际佛教界。他虽然西逝了,但他的智慧、慈悲和善行,将伴随古雷寺洪亮的钟声,飞越昆仑,响彻环宇,永远萦绕在亿万众生的心间。"

才旦夏茸·晋美柔白罗哲
——甘青当代著名佛学家

格鲁派

才旦夏茸·晋美柔白罗哲,今青海省民和回族土族自治县才旦寺第六世才旦夏茸活佛,法名为晋美柔白罗哲,亦名阿旺央丹柔白多觉(相当于笔名),是当代著名佛学家和藏学家。

才旦夏茸的祖籍系甘肃临夏人,又有甘州人之说,汉族,俗姓杨。约于清道光年间,先祖杨光林徙居青海循化,后世屡与当地藏族联姻,皆精通汉藏两语,因随藏俗,信奉藏传佛教,其家族中代有出家为僧者。生父杨宰,藏名罗桑扎西,生母拉毛太。大师为第五代,于金狗年(1910年农历四月二十二日)出生在今青海省循化撒拉族自治县积石镇。

大师幼名罗桑群佩,3岁时,由化隆支扎寺创建者夏玛尔班智达格敦丹增嘉措认定为第五世才旦夏茸晋美图旦嘉措的转世。他6岁于才旦寺所属的土哇寺坐床,7岁由赛智寺第五世嘛呢活佛格敦丹增坚赞剃度出家，授沙弥戒，赐名格敦雪珠嘉措，后依被誉为第二米拉日巴的叔父阿旺群增为启蒙师，学习藏文写读及书法。10岁左右时，他在丹斗寺从师学习因明、藏文诗学、历算学等；14岁起在循化尕楞寺拜晋美丹曲嘉措为根本上师，系统修学大小五明各学科，兼修显密诸论，贯通经、史，尤擅长藏文古体诗作、藏文文法、书法、天文历算等，成为佛学界和藏学界出类拔萃的青年学者，并被赐名晋美柔白罗哲。期间，他游学于青海化隆、循化、民和、热贡、四川寮科、阿坝、若尔盖、白龙江一带藏区寺院，遍访名师虚心求学。他苦学因明学、格鲁派经典法要，精研中观、般若、俱舍诸论，佛学造诣不断提高，此后一直随根本上师在化隆丹斗寺传道授业，和才旦堪布一起掌管民和才旦寺和所属5寺。20世纪40年代，晋美柔白罗哲已盛名遐迩，甘青藏区公认他和西卜沙格西罗哲嘉措是继承安多高僧格当班智达洛桑华丹和晋美三旦学说的两大高徒。

20世纪40年代末，才旦夏茸在化隆土哇寺筹建了一所印经院，撰写了印经院规章。印经院陆续刻印了晋美三旦、格当·格桑华丹、晋美丹曲嘉措等名师的著作，被称为土哇寺版，在甘南、四川阿坝、西藏及青海各地区发行。他还同才旦堪布一起出资扩建修缮了丹斗寺大经堂、行宫等，并绘制佛像，奉立佛塔。

　　青海解放后，才旦夏茸担任青海省人民政府翻译委员会副主任，从事大量的汉译藏方面的文字翻译工作，培养了一批汉藏翻译人才。木马年（1954年）夏，他赴北京参加党和政府的政策、法令、宪法、毛泽东著作哲学部分的翻译及审定工作，期间受到毛泽东主席、周恩来总理的接见，同时拜谒了十四世达赖喇嘛和十世班禅大师，参加了庆祝中华人民共和国成立5周年的国庆大典。次年，他又与其他几位学者一同来到北京，担任会议文件的翻译工作，收集汉文名词术语，在汉译藏中，对藏文中的新名词术语进行了创译和审定，整理出版了《藏汉词汇》简明词典，填补了当时国内藏汉翻译新词术语工具书的空白，开新中国汉藏翻译事业的先河。此外，他还积极协助创办《青海藏文报》并致力于藏文出版事业。火猴年（1956年）冬，他作为青海省宗教界人士，参加由国家统一组织的参观团，先后去北京、天津、长春、上海、南京、杭州等地参观学习，写下了许多赞颂祖国大好河山的诗篇。火鸡年（1957年）始，他与藏族学者桑热嘉措等人合作，共同完成大型藏族史诗《格萨尔王传》的整理工作；嗣后任教于青海民族学院，以渊博的学识和精湛的藏文水平，为培养大学藏文师资，贡献良多。20世纪50年代末曾沉冤囹圄长达十三个春秋，平反后居故里。土马年（1978年）起，他被聘为西北民族学院藏文教授，专事古藏文硕士研究生的培养。他自编教材，亲自任教，孜孜不倦，呕心沥血，悉心指导，不少人受教后成为国内藏学、佛学研究的骨干。十世班禅大师于1983年6月21日（藏历水猪年）在《光明日报》上撰文，高度评价才旦夏茸："我国藏族中，在藏学方面有这么高深造诣的人不多。他的著作是多方面的，在培养人才方面也做出了贡献，我非常尊重他。他热爱共产党，热爱祖国，维护民族团结和祖国统一。"才旦夏茸于1985年5月13日（藏历火牛年）在甘肃拉卜楞寺讲经时逝世，享年76岁，其舍利子供奉在丹斗寺灵塔中。

才旦夏茸·晋美柔白罗哲大师一生为佛教和民族文化的发展而求学精进，深入研究，笔耕不辍，在佛教哲学、藏文古体诗作、藏文语法修辞、历算、藏族史、藏传佛教、文史考古、寺院志、藏梵字帖书法等多学科领域中皆有丰厚成果，著述等身。其中，第一卷为其经师晋美丹曲嘉措传和本人自传；第二卷和第三卷主要对宗喀巴大师《菩提道次第广论》的释论；第四卷中附对宗喀巴《密宗道次第广论》的诠释外，另有喇钦贡巴饶赛和宗喀巴大师等的传记和教诫、诗作汇集、《丹斗寺志》等。此外，尚有作为单行本出版传世的专著近10种，主要有《诗学总论》《藏文文法》《夏琼寺志》《藏族历史年鉴》《藏汉对照词典》及各种藏梵文字帖等。

才旦夏茸生前曾向西北民族学院捐资一万元,设立"才旦夏茸奖学金",奖励学习优秀的各族学生。他曾任第六届全国政协委员、中国佛教协会理事、甘肃省佛教协会副会长、甘肃省第五届政协委员等职。

东嘎·洛桑赤列

——当代中国著名藏学家

格鲁派

东嘎·洛桑赤列为第八世东嘎活佛，于藏历第十六饶迥之火兔年（1927年）出生于西藏林芝地区觉木地方。生父叫次旺，生母叫扎西措，他诞生时出现了几种奇异吉兆，取幼名达娃，意为"月亮"，未过多久，由遍主多杰羌帕旺喀巴德庆宁波上师为他赐名为洛桑嘎丹赤列嘉措。金羊年（1931年），5岁时，由十三世达赖喇嘛图旦嘉措认定他为第七世东嘎活佛的转世灵童，并在父母的护持下开始修学藏文拼读及简易经文。木猪年（1935年），他在诞生地的东嘎寺中举行隆重的坐床典礼，正式成为第八世东嘎活佛。"东嘎"是地名，意为白海螺，又是寺名。他的法名简化后称洛桑赤列，将地名东嘎作为佛号冠在法名前，就成了东嘎·洛桑赤列。

坐床后，洛桑赤列由色麦工布康村的持律师阿旺云丹任领诵师，学习"五部大论"本论和注疏，不久他就将寺院集体唪诵的经文全部熟记掌握。火鼠年（1936年），年仅9岁的洛桑赤列从工布尔芝初次到达圣地拉萨，进入色麦扎仓，以阿旺云丹为经师，从色协藏巴康村的大格西阿旺格敦上师，在10年的时间里攻读"五部大论"。由于他刻苦研修，"五部大论"全部融会贯通。火狗年（1946年），他受经师之嘱托，踊跃参加拉萨正月祈愿大法会上的辩经考试，经过几天的激烈辩论，最后终于获得了最高"拉然巴"格西学位。接着，他入拉萨上密宗经院，从密宗上师发奋修学密宗事行续部四年，金虎年（1950年），获得"欧然巴"格西（密宗博士）第二名。木马年（1954年），他被任命为拉萨上密宗经院的格贵喇嘛，执行密院法规。从木羊年（1955年）开始，他先后师事朗仁波切（朗活佛）、赤相仁波切、噶丹赛赤仁波切龙智宗哲等上师十多位，与他们缔结法缘，专门修学藏族的传统文化大小五明论，还从大学者察智·阿旺罗桑（1880~1957年），修学藏语语法"三十颂"及诗论学全部，对从事写作和创作诗歌奠定了良好的基础，又从乃摩寺的大智者乃摩·益喜群佩学习历算学，一举成为藏族知名学者。

西藏和平解放后的火猴年（1956年），洛桑赤列走出寺院，参加革命工作，曾担任工布尔芝专区达工分区佛协副主任。土猪年（1959年），他任中国西藏佛教协会分会

格鲁派

理事职务。金鼠年（1960年），因工作需要，他被调往中央民族学院，担任民族语文系教授，六年间先后从事两个藏文研究班的藏语文法、诗词、历史、佛学等的讲学授课。在教学过程中，他为了更好地授课，编著了诗论教科书《诗学入门·修辞开启智门》。这部诗论是在搜集和积累名词的基础上编写而成，也就是教学过程中知识积累的结晶。木蛇年（1964年），他从北京返回西藏，经过日喀则和江孜，从事教育工作几个月。"文化大革命"开始，从1966年至1973年，他在拉萨市北部的仲拉尼地方进行劳动改造。木兔年（1975年），遵照上级的指示，他前往四川成都《藏汉大辞典》编纂组从事《藏汉大辞典》的编写工作，几个月后，于火蛇年（1977年）又回到西藏自治区，从事协助文物馆、档案馆、西藏革命展览馆和西藏政协等单位进行编目、文史资料编纂工作。从土马年（1978年）至木牛年（1985年），他应邀到中央民族学院任教，编写大学藏文教材，附带编写参考资料，得到了院领导和广大师生的高度评价。金猴年（1980年），他被聘为中央民族学院副教授，1985年又被聘为中央民族学院教授。是年，西藏自治区人民政府聘其为自治区社会科学院名誉院长。水牛年（1985年），他从北京回到西藏，在西藏大学任教。第十七饶迥之土龙年（1987年），他被任命为中国藏学研究中心副总干事。

在从事教学的同时，他开始研究藏学。金羊年（1990年），他又被授予甘肃省藏学研究会名誉会长，先后多次到德国、挪威、意大利、奥地利、法国等国进行讲学和参加国际藏学研究会议，介绍中国藏学研究的进展情况，并与国际研究会进行研究交流，为促进藏学研究工作做出了不可磨灭的贡献。

火鼠年（1996年），洛桑赤列从西藏大学退休。这位不可多得的奇才，于火牛年（1997年7月22日）早晨11点在美国洛杉矶圆寂，享年70岁。

该师一生先后担任中国佛教协会西藏分会常务理事，中国佛教协会理事，西藏自治区藏学研究会导师，国际藏学研究会理事，全国政协第六届、第七届、第八届委员，西藏自治区政协第四届常务委员，中国全国历史研究会、中国世界佛教研究会、中国少数民族古藏文研究会等的研究会员。该师是被世界公认和尊奉的著名藏学专家，被列入世界名人录大全。他先后任中央民族大学和西藏民族大学副教授、教授长达30余年，为振兴西藏教育和文化事业做出了卓越贡献。

东嘎·洛桑赤列的代表作有《藏学大辞典》，全书共1.4万余词目，280余万字，主要收录了以下几个方面的藏学词汇，关于藏族历史人物与历史事件；关于历代中央王朝与西藏地方政府之间的关系；关于藏族古代法律；关于原西藏地方政府机构及专用公文；关于藏区名胜古迹和重点寺庙；关于藏族民俗与宗教；关于藏学基础知识等方面的词条。该书编选词汇丰富，内容解释详实，分类科学合理，便于检索使用，是一部较全面的藏学百科性质的辞书。这部《藏学大辞典》，是初步涉足于藏学领域者的宝典，是藏学研究学者和专家的珍贵参考资料。

东嘎活佛除《藏学大辞典》这部巨著外，还著有《红史注释》《诗学入门》《教派释论》《藏族目录学》《藏族教育发展广论》《关于出版藏文古籍论》《藏族文史常识荟萃》《论西藏政教合一制度》等专著。其中，《论西藏政教合一制度》一书，内容并非单纯地写历史，而是要用辩证唯物论和历史唯物论的观点，分析西藏各历史发展时期的经济制度和政治、宗教情况，研究政教合一制度最初的起源、后来的发展，以及最终被废除的情况，所涉及的内容十分广泛而深刻。

后　记

　　藏传佛教高僧不仅在藏传佛教的传播和弘扬过程中发挥了巨大的历史作用，还对藏、土、蒙古等民族劳动人民创造的优秀文化的继承、发扬和传播也起了桥梁作用。在历代高僧他们的著述中除了佛学思想，还蕴藏着大量的语言、文学、诗歌、艺术（音乐、戏剧、雕塑、建筑）、哲学、历史、天文历算、医药、农牧业生产等知识。尚有一些高僧在世俗事务中以其独特的身份、地位及其在僧俗中的影响，在调解部落、地界、草山和民事纠纷中起到过不可忽视的作用。他们抑恶扬善、扶危济困，赢得了僧俗群众的尊敬。其中还有部分高僧，如萨迦派的萨班等，他们为祖国统一、民族团结、人民安定等做出过重大贡献。为便于人们初步了解这些高僧的历史概貌，作者历经多年收集藏汉文资料编译了本套丛书。

所收宗教名人，就区域和民族而言，绝非凭主观而定，而是依据现有资料决定的。结果出现了地区、民族、教派诸比例不均衡的现象。因资料来源不同，对所载人物出生年代、出生地，甚至事迹也有差异。为力求准确，笔者查阅了大量资料并加以核对，但终因资料限制和知识水平所限，有些问题还难以定论，便采用了按两种或两种以上说法基本相吻合者为准，对少数说法不一致的，也做了些交代。书中已约定俗成的人名沿用未变，少部分名讳依安多语音翻译。为了防止名讳混淆，冠在名讳前面的习惯称谓基本保留。

由于此套丛书是一套专门介绍藏传佛教历史名人生平史略的书，在辑译和编写过程中，笔者慎重地对藏文典籍中那些纯宗教化叙述的内容材料进行了取舍，特别是涉及西藏密宗中的一些具体内容，基本上采取了舍弃的态度。尽管如此，书稿仍免不了沾带宗教色彩，这也是自然的。因此，我们要用历史唯物主义和辩证唯物主义的观点去认识和剖析它，去其糟粕，吸收其可贵的东西。

2018 年 9 月

编者写于西宁